Gestorben für wen?

Gestorben für wen?

Zu Diskussion um das „pro multis"

Herausgegeben von Magnus Striet

HERDER

FREIBURG · BASEL · WIEN

© Verlag Herder, Freiburg im Breisgau 2007
www.herder.de
Umschlaggestaltung: Finken&Bumiller, Stuttgart
Satz: dtp studio mainz, Jörg Eckart
Druck und Bindung: freiburger graphische betriebe
www.fgb.de
Gedruckt auf umweltfreundlichem, chlorfrei gebleichtem Papier
Printed in Germany

ISBN: 978-3-451-29708-3

Inhaltsverzeichnis

Zur Einführung

Macht es wirklich einen Unterschied, ob das „pro multis" im Kelchwort, das der Priester über dem Wein spricht, mit „für alle" oder „für viele" übersetzt wird? Übersetzungen sind nie nur Übersetzungen, sondern immer auch Ausdeutungen. Wäre dies nicht so, ließe sich weder die Aufregung erklären, mit der nun auf das Schreiben von Francis Kardinal Arinze, dem Präfekten der römischen Liturgiekommission, an die Bischofskonferenzen reagiert wird, in dem eine wörtliche Neuübersetzung angemahnt wird, noch würde einsichtig, dass es überhaupt zu langen Diskussionen um das nun bereits seit Jahrzehnten gebräuchliche „für alle" kam. Ginge es nur um eine korrekte philologische Übersetzung des „pro multis", wäre wirklich nur eine präzise Übereinstimmung des Lateinischen und der volkssprachlichen Übersetzungen angezielt, hätte man ja auch eine Veränderung des lateinischen Wortlautes im Römischen Messbuch überlegen können. Warum nicht „pro omnibus"? Oder „pro universis"?

Dem Herausgeber untersteht es nicht, abschließende Urteile zu fällen, schon gar nicht in einer Einführung. Aber vielleicht ist es ihm erlaubt, einen Lesehinweis zu geben. Vielleicht darf keine Übersetzung ein völlig vorbehaltloses Ja erwarten. Der exegetische Befund ist bereits kompliziert. Und über die philologischen Probleme hinaus spielen sehr grundsätzliche theologische Fragen in das Problem einer angemessenen Übersetzung hinein. Was genau ist die Hoffnung, die sich in der Feier der Eucharistie artikuliert und als gegenwärtige im Empfang der eucharistischen Gaben mit dem Amen bestätigt wird? Richtet sie sich auf „viele" oder auf „alle"? Gibt es einen Automatismus, der Erlösung für „alle" verheißt? Was ist dann aber mit der Freiheit des Menschen?

Wäre nicht ein Automatismus zynisch denen gegenüber, die unter der Niedertracht und Bosheit anderer entsetzlich gelitten haben? Will sich der Mensch überhaupt erlösen lassen? Welche Antworten hat die Tradition auf diese Fragen gegeben und welche drängen sich heute auf? Fragen über Fragen, die gestellt sein wollen und die nach Antwort suchen.

Im jüngst publizierten nachsynodalen apostolischen Schreiben „SACRAMENTUM CARITATIS" hat Papst Benedikt XVI. einen Lesehinweis für das Verständnis der Eucharistie gegeben. Die Gemeinden müssten sich, „wenn sie Eucharistie feiern ... immer bewusster werden, dass das Opfer Christi für alle (Christi sacrificium pro universis)" sei. Der Empfang der Eucharistie würde darum auch jeden „Christgläubigen" dazu drängen, „selbst ‚gebrochenes Brot' für die anderen zu werden und sich also für eine gerechtere und geschwisterliche Welt einzusetzen" (Nr. 88). Ausdrücklich werden in diesem Schreiben auch die eschatologischen Dimensionen des Eucharistiegeschehens erinnert, die sich in besonderer Weise im Gebet für die Verstorbenen zum Ausdruck bringen (vgl. Nr. 32).

Die hier vorlegten Beiträge, die der Feder von Exegeten, Liturgiewissenschaftlern und Systematikern entstammen, wurden größtenteils bereits vorab publiziert, für die Neuveröffentlichung allerdings erweitert beziehungsweise überarbeitet. Herrn Stephan Weber vom Verlag Herder sei herzlich für die unkomplizierte und umsichtige Betreuung des Projekts gedankt.

Freiburg im März 2007, Magnus Striet

Dokumentation

Brief von Francis Kardinal Arinze, Präfekt der Gottesdienstkongregation, an die Bischofskonferenzen

Prot. N. 467/05/L
Vatikanstadt, den 17. Oktober 2006

Hochwürdigste Eminenz / Exzellenz,

im Juli 2005 hat die Kongregation für den Gottesdienst und die Sakramentenordnung in Übereinstimmung mit der Kongregation für die Glaubenslehre allen Vorsitzenden der Bischofskonferenzen geschrieben. Objekt der Konsultation war das Einholen einer Stellungnahme bezüglich der Übersetzung des Ausdrucks *pro multis* in die verschiedenen Landessprachen, der sich im Formular der Wandlung des kostbaren Blutes Christi während der Feier der Heiligen Messe befindet (vgl. Prot. N. 467/05/L vom 9. Juli 2005).

Die Antworten, die diesem Dikasterium von den Bischofskonferenzen übersandt wurden, sind von den beiden oben genannten Kongregationen untersucht worden. Im Anschluss ist dem Heiligen Vater, Papst Benedikt XVI., ein Bericht übersandt worden. Auf Anweisung seiner Heiligkeit schreibt diese Kongregation nun Ihrer Hochwürdigsten Eminenz / Exzellenz mit folgendem Wortlaut:

1. Ein Text, der den Worten *pro multis* entspricht und von der Kirche überliefert wird, konstituiert die Formel, die im Römischen Ritus in Latein seit den ersten Jahrhunderten in Gebrauch ist. Ungefähr in den letzten 30 Jahren haben einige approbierte Übersetzungen die interpretatorische Übersetzung ‚for all‘, ‚per tutti‘ bzw. ‚für alle‘ oder ähnliche Übersetzungen benutzt.

2. Es besteht kein Zweifel über die Gültigkeit der Feier der Heiligen Messe, wenn in dieser Feier eine ordentlich appro-

bierte Formel benutzt wird, die eine gleichwertige Formel zu dem Ausdruck ,für alle' beinhaltet, wie dies die Kongregation für die Glaubenslehre bereits erklärt hatte (cf. Sacra Congregatio pro doctrina Fidei, *Declaratio de sensu tribuendo adprobationi versionum formularum sacramentalium*, 25 Ianuarii 1974, AAS 66 [1974], 661). In der Tat würde die Formel ,für alle' zweifellos einer richtigen Interpretation der Intention des Herrn entsprechen, die in diesem Text zum Ausdruck kommt. Es ist ein Glaubensdogma, dass Christus für alle Menschen am Kreuz gestorben ist (*Joh* 11,52; 2*Kor* 5,14–15; *Titus* 2,11, *1Joh* 2,2).

3. Es gibt allerdings viele Argumente dafür, die traditionelle Formel *pro multis* noch präziser zu übersetzen:

a) Die synoptischen Evangelien (*Mt* 26,28; *Mk* 14,24) beziehen sich spezifisch auf den Ausdruck ,viele' (πολλῶν), für die der Herr sein Opfer darbringt. Dieser Wortgebrauch wird darüber hinaus von einigen Bibelgelehrten in Verbindung mit den Worten des Propheten *Jesaja* (53,11–12) betont. Es wäre durchaus möglich gewesen, in den Evangelientexten den Ausdruck ,für alle' zu wählen (wie z.B. *Lk* 12,41); stattdessen benutzt der Einsetzungsbericht aber die Formel ,für viele' und diese Worte sind in den meisten modernen Bibelübersetzungen treu übersetzt worden.

b) Der Römische Ritus hat immer den Ausdruck *pro multis* und niemals den Ausdruck *pro omnibus* bei der Wandlung des Weins in das Blut Christi benutzt.

c) Die Anaphoren der verschiedenen Orientalischen Riten, sei es in griechischer, syrischer, armenischer oder slawischer Sprache usw., enthalten in ihren jeweiligen Sprachen das sprachliche Äquivalent zu dem lateinischen Ausdruck *pro multis*.

d) Der Ausdruck ,für viele' oder ,für die Vielen' ist eine genaue Übersetzung des Ausdrucks *pro multis*, wogegen der Ausdruck ,für alle' eher eine Erläuterung darstellt, die eigentlich in die Katechese gehört.

e) Der Ausdruck ‚für viele‘, der offen bleibt, um jeden Menschen in das Heil einzuschließen, bringt deutlicher die Tatsache zum Ausdruck, dass das Heil nicht automatisch geschenkt wird, quasi ohne Einbeziehung des eigenen Willens oder Anteilnahme am Heil. Der Gläubige ist vielmehr *eingeladen*, im Glauben das Geschenk anzunehmen, welches ihm von Gott angeboten wird, und das übernatürliche Leben zu empfangen, das demjenigen geschenkt wird, der an diesem Mysterium teilnimmt. In seinem Leben ist der Christ eingeladen, dieses Mysterium umzusetzen, um so unter die ‚vielen‘ gerechnet zu werden, auf die der Text sich bezieht.

f) In Übereinstimmung mit der Instruktion *Liturgiam authenticam* sollte sich bemüht werden, den lateinischen Text der *editiones typicae* genauer und präziser zu übersetzen.

4. Die Bischofskonferenzen derjenigen Länder, bei denen die Formel ‚für alle‘ oder eine ähnliche Formel in Gebrauch war, werden daher gebeten, den Gläubigen in den nächsten ein bis zwei Jahren eine geeignete Katechese anzubieten, damit sie auf die Einführung einer präzisen landessprachlichen Übersetzung der Formel des *pro multis* (z.B. ‚for many‘, ‚per molti‘, ‚für viele‘ bzw. ‚für die Vielen‘) vorbereitet werden. Denn in den nun anstehenden Übersetzungen des Römischen Messbuchs, die von den Bischofskonferenzen und vom Heiligen Stuhl zu approbieren sind, wird diese neue Formel zur Anwendung kommen.

In diesem Sinne möchte ich die Gelegenheit nutzen, Ihnen alles Gute und Gottes Segen zu wünschen,

Ihr im Herrn ergebener
Francis Kard. Arinze
Präfekt

Mons. Mario Marini
Untersekretär

Stellungnahmen

Für euch – für viele – für alle. Für wen feiert die Kirche Eucharistie?

von Thomas Söding

Seitdem es eine offizielle deutsche Fassung des eucharistischen Hochgebetes gibt, lauten die Wandlungsworte des Priesters über den Kelch: „… mein Blut, das für euch und für alle vergossen wird zur Vergebung der Sünden". Das soll nun geändert werden: „für euch und für viele" oder „für euch und für die Vielen" wird es bald heißen. Jedenfalls hat Kardinal Francis Arinze, der Vorsitzende der vatikanischen Liturgiekongregation, diese Änderung in einem Schreiben an die Deutsche Bischofskonferenz angekündigt. In Deutschland wird, wie in vielen anderen Ländern auch, an einer neuen Übersetzung des römischen Messbuches gearbeitet. In zwei bis drei Jahren kann sie fertig sein. Dann muss die neue Formulierung eingeführt werden.

Die Veränderung birgt Zündstoff. Feiert die Kirche die Eucharistie nicht mehr für alle Menschen? Zieht sie sich auf den Kreis der Rechtgläubigen zurück? Oder wird sie theologisch anspruchsvoller? Setzt sie wie die evangelische Kirche weniger auf den universalen Heilswillen Gottes und mehr auf den rechtfertigenden Glauben des einzelnen?

Heilsautomatismus?

Die Traditionalisten sind nicht davor zurückgeschreckt, die Gültigkeit der vatikanischen Liturgie zu bezweifeln. Sie behaupten, die Wendung „für alle" – die auch im Italienischen, Englischen, Spanischen, Portugiesischen, also fast auf der ganzen katholischen Welt, verwendet wird – sei eine Häresie. Das ist Unsinn. Auch das römische Schreiben beeilt sich, klarzustellen, dass an der Gültigkeit der vatikanischen Liturgie mit der Formel „für alle" keinerlei Zweifel erlaubt seien. Und ebenso deutlich heißt es, selbstverständlich halte die Kirche an dem Glauben fest, dass Jesu Tod und Auferweckung das Heil Gottes nicht nur einigen wenigen, auch nicht nur ziemlich vielen, sondern allen Menschen, ja der ganzen Schöpfung eröffnen und genau so in der Eucharistie gefeiert werden.

Für die Vorschrift, gleichwohl das „für alle" in „für viele" (oder „für die Vielen") zu verändern, werden drei andere Gründe geltend gemacht: erstens die höhere Wörtlichkeit der Übersetzung sowohl gegenüber den biblischen Quellentexten als auch gegenüber der römischen Liturgie („pro multis"), zweitens die größere Einheitlichkeit des Hochgebetes in den verschiedenen Landessprachen, die nur durch eine genauere Orientierung am lateinischen Original zu erreichen sei, drittens die Vermeidung des Missverständnisses, es gäbe eine Art Heilsautomatismus.

Das dritte Argument ist das schwächste. Man hätte besser ganz darauf verzichtet. Denn wer „für alle" Eucharistie feiert, orientiert sich nicht an Origenes mit seiner Allversöhnungslehre, sondern an zentralen Texten des Neuen Testaments mit ihrer Verkündigung der Heilsuniversalität Jesu Christi. Wer aber darauf beharrte, Jesus habe sein Leben *nicht* für alle, sondern *nur* für viele dargebracht, müsste erklären, ob er den „Rest" abschreiben und für ihn mit anderen Rettergestalten rechnen will.

Stärker sind die beiden anderen Argumente. Dass es beim Hochgebet und besonders in den Einsetzungsworten einen weltweit möglichst einheitlichen Text gibt, ist sicher wünschenswert. Denn jede Gemeinde feiert Eucharistie in der Gemeinschaft der ganzen Kirche.[1] Über alle Sprachgrenzen hinweg muss in aller Vielfalt der Kulturen gerade hier die

Einheit im „Geheimnis des Glaubens" zum Ausdruck kommen. Allerdings: Wenn zwei dasselbe sagen, ist es noch lange nicht dasselbe. Wörter, die im Lexikon als exakte Übersetzung angeführt werden, haben nicht automatisch dieselbe Bedeutung. „Für dich", „für mich", „für euch", „für uns", „für alle" – bei diesen Wendungen sind die Unterschiede gering. Anders ist es bei „für viele". Sind damit „einige", „zahlreiche", „etliche" oder „die meisten" gemeint? Steht „jede Menge" oder eine unüberschaubar große Fülle vor Augen? Im Deutschen ist „viele" der Gegensatz zu „wenige". Aber wer „viele" sagt, meint auch: nicht alle. Deshalb muss im Deutschen die Veränderung von „für alle" zu „für viele" als Einschränkung empfunden werden. Das ist nicht in allen Sprachen so. Es ist von Rom wohl auch nicht so gemeint. Aber alle Zeitungen haben es so gesehen, und die Gläubigen werden es so hören. „Für die Vielen", wie es der „Schott" in einer vorläufigen Version hatte, könnte vielleicht ein Ausweg sein, ist aber kein gutes Deutsch, sondern Fachsprache von exegetisch gebildeten Theologen und entspricht nicht dem griechischen Text der Abendmahlsüberlieferung, der keinen Artikel kennt.

Liturgie und Bibel

Bleibt das Argument der Wörtlichkeit. Richtig ist, dass die römische Messe „pro multis" hat, was in jeder Lateinstunde nur mit „für viele" wiedergegeben werden dürfte. „Für alle" hieße „pro omnibus"; das findet sich in keiner römischen Liturgiequelle. Wohl aber betet die Kirche, Albert Gerhards[2] hat daran erinnert, am Gründonnerstag: „Am Abend, bevor er für unser Heil und das Heil aller Menschen *(omniumque)* das Leiden auf sich nahm, ..." Es ist nicht bekannt, dass auch diese Wendung wegen der Gefahr eines mechanistischen Heilsverständnisses auf den Prüfstand soll.

Wie aber steht es mit dem biblischen Bezug? Das eucharistische Hochgebet ist kein direktes Zitat aus der Bibel. Es nimmt verschiedene Motive der neutestamentlichen Abendmahlsberichte auf und verbindet sie zu einem stimmigen Ganzen. Die Geschichte des Hochgebetes und seines Bezuges zur Heiligen Schrift zu schreiben, ist Sache des Liturgiehistorikers.[3] Die Eucharistiegebete aller Kirchen gehen relativ frei mit den Evangelientexten um. Das irritiert viele, ist aber kein Zeichen von Willkür. Erstens mögen in die eucharistischen Gebete Traditionen eingeflossen sein, die ebenso alt sind wie die der Evangelien, zweitens sind die Evangelientexte nicht als liturgische Formulare entstanden, sondern als erzählende Erinnerung an das Letzte Abendmahl Jesu. Auch Paulus stellt seine Herrenmahlsüberlieferung unter das Vorzeichen einer kurzen Erzählung: „In der Nacht, da er verraten wurde, …“ (1 Kor 11,23–25).

Die neutestamentlichen Abendmahlstexte stimmen zwar im Wesentlichen überein: in zwei Gesten und zwei Worten. Jesus gibt Brot und Wein; und er identifiziert sich mit diesen Gaben, so dass sie zu Gaben des ewigen Lebens werden, weil er selbst die lebendige Gabe Gottes ist.[4] Aber die neutestamentlichen Berichte zeigen auch nicht unerhebliche Unterschiede. Ob sich diese Abweichungen durch verschiedene Erinnerungen oder gezielte Veränderungen erklären, bleibe dahingestellt. Beim Brotwort haben Markus (14,22) und Matthäus (26,26) nur: „Das ist mein Leib“ (im Sinne von: Das bin ich). Paulus aber zitiert die Tradition: „mein Leib für euch“ (1 Kor 11,23); Lukas hat es noch ausführlicher: „mein Leib, für euch gegeben“. Diesen vollen Ton nimmt das Hochgebet auf: „Das ist mein Leib, der für euch hingegeben wird“. Das „für euch“ ist schon im Gestus des Gebens angelegt; also ist bei Paulus und Lukas ausgeführt, was in der markinischen und matthäischen Kurzform angelegt ist.

Noch größer sind die Unterschiede beim Becherwort. Nach Markus und Matthäus steht das „Blut des Bundes" vor Augen, das Mose nach Ex 24 geopfert hat, um den Sinai-Bund zu besiegeln. Nach Paulus und Lukas hingegen wird die Erinnerung an die Vision des Neuen Bundes beim Propheten Jeremia (31,31–34) lebendig. Das eucharistische Hochgebet sieht keine Alternative, sondern verbindet beide Motive. Nach Lukas (22,20) wiederholt Jesus „für euch", während bei Paulus nur vom „Neuen Bund in meinem Blut" die Rede ist. Der Neue Bund schafft Raum für das von Gott erneuerte Israel, das Volk Gottes, dem das Gesetz ins Herz geschrieben wird und dem die Völker, wie Jesus verkündet, eingegliedert werden.[5]

Beim neutestamentlichen „für euch" ist die Gemeinde, die gerade Gottesdienst feiert, unmittelbar angesprochen und in diesen Horizont des Neuen Bundes gerückt. Der direkte Zuspruch ist wichtig. Denn jede Gemeinde ist ganz Kirche. Wo immer Eucharistie gefeiert wird, im Petersdom oder unter freiem Himmel, im Gefängnis oder in der Palastkapelle, von einem heiligen oder einem sündigen Priester – immer ist es das eine Brot, der eine Kelch Jesu (1 Kor 10,16f.), immer ist es der ganze Christus, immer die volle Gnade. Freilich schließt dieses „für euch" niemanden aus. Es ist nicht exklusiv, sondern ganz und gar positiv gemeint. Die ersten, denen das „für euch" gilt, sind nach Lukas die Apostel. Jesus feiert das Letzte Abendmahl mit den Zwölfen;[6] denn sie sind die Repräsentanten des ganzen Gottesvolkes, das überhaupt erst noch aus dem Volk Israel und aus allen Völkern der Erde gesammelt sein will. Bei Paulus kann man schon im Ausschnitt sehen, wie ernst die frühe Kirche diese Universalität genommen hat. Denn diejenigen, die nach dem Ersten Korintherbrief vom „für euch" unmittelbar angesprochen werden, sind Starke und Schwache, Reiche und Arme, Männer und Frauen, Juden und Griechen, Sklaven und Freie: „Alle sind wir in den einen Leib getauft und mit dem einen Geist getränkt" (1 Kor 12,13). Die Kirche aus allen Völkern ist die Keimzelle der erlösten Welt. Jede Eucharistie feiert nicht nur das Geschenk der eigenen Erlösung, sondern die Hoffnung auf die Vollendung des Heiles für alle Welt, wenn Gott „alles in allem" sein wird (1 Kor 15,28).

Im paulinischen und lukanischen „für euch" ist also immer ein „für alle" angelegt. Das „für euch" gilt aber keinem Kollektiv, sondern der Gemeinschaft freier Christenmenschen. Deshalb konkretisiert sich das „für euch" im „für dich" (vgl. Mk 5,19 parr; Lk 22,32) und das „für uns" im „für mich". Der Apostel Paulus formuliert es in denkbar größter Dichte: „Ich lebe, aber nicht mehr lebe ich, sondern in mir lebt Christus, der mich geliebt und sich für mich dahingegeben hat" (Gal 2,20).

Für viele: für alle

Während Lukas und Paulus in der Abendmahlstradition „für euch" schreiben, steht beim Becherwort des Markus und Matthäus – alle Kommentare übersetzen so – „das ist mein Blut, vergossen für viele" (griechisch: *hypér pollôn*). Matthäus ergänzt noch: „zur Vergebung der Sünden". Diese Version hat eine enge Parallele. Auf dem Weg nach Jerusalem sagt Jesus (nach Mk 10,45): „Der Menschensohn ist nicht gekommen, bedient zu werden, sondern zu dienen und sein Leben hinzugeben als Lösegeld für viele". Das eucharistische Hochgebet kombiniert die lukanische und paulinische mit der markinischen und matthäischen Version und hat (bislang) dafür im Deutschen die Formel gefunden: „für euch und für alle". Liegt es damit falsch, weil die philologisch exakte Übersetzung des griechischen und lateinischen

Textes „für viele" hieße? Verlangt es die Treue zur Schrift und zur Tradition, fordert es das Geheimnis des Glaubens, das gefeiert wird, nun nur noch „für viele" zu sagen?

Es gilt, die Sprache des Neuen Testaments, die überlieferte Sprache Jesu genau zu verstehen. Die Meinungen der Exegeten gehen auseinander; aber es wird schwer fallen, die Wendung ohne einen Bezug zu Jes 53 zu verstehen, das Vierte Lied vom Gottesknecht. Dort heißt es: „Mein Knecht, der gerechte, macht die Vielen gerecht … Er trug die Sünden von vielen und trat für die Schuldigen ein" (Jes 53,12).[7] Wie schwer es ist, die Identität des Gottesknechtes, damit aber auch der „Vielen" zu bestimmen, hat schon der äthiopische Kämmerer erkannt und deshalb Philippus gefragt (Apg 8,34). Auch die heutige Exegese rätselt. Eines ist auf jeden Fall klar: Die Pointe des Wortes „viele" besteht nicht darin, dass es nicht alle seien, die vom Dienst des Knechtes profitieren, sondern „nur" viele; die Pointe besteht vielmehr darin, dass diejenigen, die das Lied singen, die Schuld am Leiden des Gerechten nicht auf einige wenige abwälzen, sondern sich selbst einbeziehen und alle, die sie vor Augen haben. Die „Vielen" sind „wir" alle und „wir", die Täter, die zu Nutznießern werden, sind nicht wenige, sondern „viele".

Joachim Jeremias hat im „Theologischen Wörterbuch zum Neuen Testament 1959 geschrieben[8], im Hebräischen, Aramäischen und Bibelgriechischen habe das Wort „viele" (rabbim) nicht exkludierende, sondern inkludierende, also nicht ausschließende, sondern einschließende Bedeutung. Gemeint seien: „die nicht zu zählenden Vielen, die große Schar, alle"[9]. Zwar gebe es das hebräische Wort „kol" in der Bedeutung „alle", aber die Grenzen zu „viele" (rabbim) seien fließend; kol habe eher ein Kollektiv, eine Gesamtheit vor Augen und könne keinen Plural bilden, während rabbim gewählt werde, wenn eine – beschränkte oder unbeschränkte – Vielzahl von Einzelnen gemeint sei. Das ist freilich eher eine Tendenz als ein ehernes Gesetz.[10] Gleichwohl oder deshalb stimmt das „Theologische Wörterbuch zum Alten Testament"[11] Jeremias ausdrücklich zu. Auch wenn das „Exegetische Wörterbuch zum Neuen Testament"[12] skeptisch bleibt: Entscheidend ist in Jes 53 die Fülle. Das will auch die griechische Übersetzung einfangen, wenn sie *polloi* schreibt. Löst man das Wort von seinem ursprünglichen Kontext, gewinnt es einen Bedeutungsunterschied zu „alle", der ursprünglich nicht gemeint ist. Diskutieren lässt sich bei der Auslegung von Jes 53 nur, ob lediglich alle Israeliten, also das ganze Gottesvolk, vor Augen stehen oder auch die Völker einbezogen werden.

In diesen Dimensionen muss auch das „für viele" in der matthäischen und markinischen Abendmahlsüberlieferung gedeutet werden. Das methodische Problem von Jeremias liegt nicht in der Deutung von *polloi,* sondern im Versuch einer Rückübersetzung, der zu einem chemisch reinen Urwort Jesu führen soll. Wer hingegen sieht, dass die Abendmahlsworte ein Gespräch mit Jes 53 führen, wird in die richtigen Bedeutungsräume hineingeführt. Man kann überlegen, ob Jesus und seine Jünger vielleicht ursprünglich „nur" an Israel und nicht auch schon an die Heiden gedacht haben. Aber man kann aus dem Wort „viele" eines sicher nicht heraushören: dass es irgendeinen Vorbehalt gegenüber der Unbedingtheit der Lebenshingabe Jesu ausdrücken sollte; irgendeine Skepsis, dass Gott nicht doch alle Menschen, denen er das irdische Leben geschenkt hat, auch zum ewigen Leben führen könnte; irgendeine Einschränkung, dass es für andere noch andere Retter als Jesus geben würde. Im Gegenteil: Die Fülle des Heiles, die unbeschränkte Weite des Gottesbundes, die Schrankenlosigkeit der Liebe Jesu sollen zum Ausdruck kommen.

Das Neue Testament scheut sich deshalb auch nicht, bei der Verkündigung des Evangeliums mit großer Betonung „für alle" zu sagen. Alle Menschen sind der Erlösung bedürftig; alle sind aber auch vom Lichtstrahl der Gnade Gottes erfasst. Paulus schreibt, das Kreuz vor Augen: „Die Liebe Christi drängt uns, zu urteilen: Einer ist für alle gestorben" (2Kor 5,14). Der Erste Timotheusbrief denkt an den Zusammenhang zwischen der Einzigkeit Gottes und der Unbegrenztheit der Erlösung: „Einer ist Gott, einer auch Mittler zwischen Gott und den Menschen, der Mensch Jesus Christus, der sich selbst als Lösegeld für alle gegeben hat, ein Zeugnis zur rechten Zeit" (1Tim 2,5f.; vgl. Hebr 2,9).[13] Dieses Geheimnis des Glaubens wird in der Eucharistie gefeiert.

Besonders klar wird dies im Johannesevangelium. Die Brotrede hat von Anfang an einen eucharistischen Klang, wiewohl zunächst die Person Jesu selbst im Vordergrund steht. Vom neuen Manna heißt es: „Es ist Gottes Brot, das vom Himmel kommt und der Welt das Leben gibt" (Joh 6,33). Die Welt aber, deren „Retter" Jesus nach Joh 4,42 ist, ist die geschaffene und gefallene Welt; die Menschen, die auf ihr leben und denen Gottes Liebe gilt, sind gerade diejenigen, die mehr als das Licht die Finsternis lieben (Joh 1,5). Später, da die Brotrede gezielt auf die Eucharistie zuläuft (sekundär oder nicht), bleibt dieser universale, ja kosmische Horizont geöffnet: „Ich bin das lebendige Brot, das vom Himmel herabgekommen ist. Wer von diesem Brot isst, wird leben in Ewigkeit. Und das Brot, das ich geben werde, ist mein Fleisch für das Leben der Welt" (Joh 6,51).

Im gegenwärtigen deutschen Sprachraum macht es einen Unterschied, ob jemand „für viele" oder „für alle" sagt. Im biblischen Sprachgebrauch ist das anders. Hat etwa Jesus sich ungenau ausgedrückt, als er nach Markus und Matthäus im Abendmahlssaal „für viele" gesagt hat, wenn er doch ganz Israel und aller Welt die Erlösung bringt? Hat etwa Paulus sich unklar ausgedrückt, gar Jesus missverstanden, wenn er mit Betonung „für alle" schreibt? So kann nur fragen, wer die heutige Sprache in die Bibel zurückprojiziert, aber nicht die Bibel selbst sprechen lässt. Ein schlagendes Beispiel liefert Paulus. Er, dem niemand so unschnell unpräzises Denken nachsagen wird, schreibt in Röm 5,12: „Wie durch einen Menschen die Sünde in die Welt gekommen ist und durch die Sünde der Tod, so ist der Tod zu allen *(pantes)* Menschen gekommen." Genau denselben Gedanken aufgreifend und weiterführend, formuliert er aber in Röm 5,15: „Wenn durch die Übertretung des einen die vielen *(polloi)* gestorben sind, um wie viel mehr ist die Gnade Gottes und die Gabe in der Gnade des einen Menschen Jesus Christus für die vielen *(polloi)* übergeflossen." Und in Röm 5,18 heißt es wieder: „Wie es durch die Übertretung des einen zur Verurteilung für alle *(pantes)* gekommen ist, so durch die Gerechtigkeit des einen zur Rechtfertigung des Lebens für alle *(pantes)* Menschen." In Vers 19 wird dann erneut mit „viele" formuliert. Paulus hat aber nicht jeweils andere Personen vor Augen; er drückt sich auch nicht schlecht aus; er spricht nur die Sprache der Bibel: Immer geht es um Adam und Christus, immer um all die vielen Menschen, die je gelebt haben und leben werden, immer um den unerschöpflichen Überfluss der Gnade.

„Für alle" ist deshalb die sachlich richtige Wiedergabe des biblischen Textes im Kontext des Hochgebetes. Sie entspricht am besten dem Sinn der Eucharistie. „Für viele" hingegen wirft im heutigen Deutsch Fragen auf, die im ursprünglichen Zusammenhang nicht bestanden. Durch die beabsichtigte Revision entsteht eine Scheingenauigkeit. Man muss mühsam erklären, was gemeint – und vor allem, was nicht gemeint ist. Zumal die nachträgliche Veränderung wird viele Fragen aufwerfen: Wird das eucharistische Opfer etwa nicht mehr „für alle", sondern nur noch „für viele" dargebracht? Wer kommuniziert, bekennt zuvor: „Herr, ich bin nicht würdig, …". Sind nicht alle ganz und gar auf Gottes Gnade angewiesen?

Jene, die zum Gastmahl der ewigen Herrlichkeit geladen sind, sind nicht wenige, sondern unendlich viele, nämlich alle. Wen Gott dann in seinem Reich willkommen heißen wird – wer will das wissen? Dass es alle seien, die eingeladen sind – wer wollte das nicht hoffen? Und wer wollte nicht in dieser Hoffnung Eucharistie feiern?

Anmerkungen

[1] Vgl. Th. Söging (Hg.), *Eucharistie – Positionen katholischer Theologie*, Regensburg 2003.

[2] *Wie viel sind viele?*, in: HerKorr 61 (2007) 79–83: 82.

[3] Vgl. H.B. Meyer, *Eucharistie. Geschichte, Theologie, Pastoral* (Handbuch der Liturgiewissenschaft 4), Regensburg 1989.

[4] Vgl. J. Schröter, *Das Abendmahl. Frühchristliche Deutungen und Impulse für die Gegenwart* (SBS 40), Stuttgart 2006.

[5] Vgl. W. Groß, *Zukunft für Israel. Alttestamentliche Bundeskonzepte und die aktuelle Debatte um den Neuen Bund* (SBS 176), Stuttgart 1998.

[6] Vgl. Th. Söding, *Jesus und die Kirche. Was sagt das Neue Testament?*, Freiburg–Basel–Wien 2007, 222–225.

[7] Vgl. H. Spieckermann, *Gottes Liebe zu Israel. Studien zur Theologie des Alten Testaments* (FAT 33), Tübingen 2001, 141–153.216f.

[8] Art. *polloi*, in: ThWNT VI (1959) 536–545.

[9] Ebd. 536.

[10] In 1QH 4,28f. werden rabbim und kol synonym gebraucht.

[11] H. Ringgren, Art. *kol*, in: ThWAT IV (1982) 145–153: 145; H.-J. Fabry – E. Blum – H. Ringgren, Art. *rab*, in: ThWAT VII (1993) 294–320: 315.319.

[12] Vgl. G. Nebe, Art. *polloi*, in: EWNT (1983) 313–319: 316.

[13] Vgl. Th. Söding, *Der Gottessohn aus Nazareth. Das Menschsein Jesu im Neuen Testament*, Freiburg–Basel–Wien 2006, 327ff.

„Pro multis" – Ist Jesus nicht „für alle" gestorben?

Anmerkungen zu einem römischen Entscheid

von Michael Theobald

Für ziemliche Unruhe im Kirchenvolk sorgt derzeit ein Schreiben des Präfekten der Kongregation für den Gottesdienst und die Sakramentenordnung, Francis Kardinal Arinze, vom 17. Oktober 2006 an die Bischöfe der Weltkirche. Von einer Änderung der „Wandlungsworte" ist die Rede, von einem Eingriff des Papstes in die Liturgie, einer „Zurücknahme" der nachkonziliaren Liturgiereform an einem ersten neuralgischen Punkt. Die Aufregung ist auch deshalb so groß, weil man in den nächsten Monaten ein *Motu proprio* des Papstes erwartet, das nach allem, was zu hören ist, erklären soll, dass die tridentinische Messform nie abgeschafft worden sei und jetzt wieder neben dem Novus Ordo Missae von Papst Paul VI. als „außerordentliche Form" Bestand und Gültigkeit haben könne. Ganz unbemerkt blieb hierzulande auch nicht, dass der Papst im September gegen den Protest der französischen Bischöfe dem von abgefallenen „Lefebvristen" gegründeten und angeblich Le Pen nahestehenden „Institut du Bon Pasteur" seinen Segen gegeben hat. Doch sollte man, soweit möglich, die Vorgänge auseinanderhalten. Worum geht es also in dem Schreiben von Kardinal Arinze tatsächlich?

Im vorkonziliaren Missale Romanum lautete das Kelchwort: „Nehmet hin und trinket alle daraus: Das ist der Kelch Meines Blutes, des neuen und ewigen Bundes – Geheimnis des Glaubens (mysterium fidei) –, *das für euch und für viele (pro vobis et pro multis) vergossen wird* zur Vergebung der Sünden. Tut dies, sooft ihr es tut, zu Meinem Gedächtnis."

Dieses Kelchwort wurde nun im Ordo Missae der Liturgiereform an zwei Stellen geändert: die nicht schriftgemäße Parenthese *mysterium fidei* nahm man heraus und stellte sie in Verbindung mit der sich an 1 Kor 11,26 anlehnenden, neu geschaffenen Akklamation des Volks: „Deinen Tod, o Herr, verkünden wir …" hinter die Einsetzungsworte. Und das so genannte Annamnesis-Wort, das sich bislang eher an 1 Kor 11,26 orientierte, vereinfachte man, indem man es exakt an Lk 22,19 par. 1 Kor 11,24 anglich: „Tut dies zu Meinem Gedächtnis"[1]. Um den Vortrag der so genannten „Konsekrationsworte" durch den Priester, vor allem bei einer Konzelebration, zu erleichtern, wurde verfügt, dass sie jetzt in allen Hochgebeten (einschließlich des Römischen Messkanon, des ersten Hochgebets) gleich lauten sollen[2]. Mit der Approbation der „volkssprachlichen Übertragungen" des Missale Romanum, der deutschen im Jahre 1974, fand dann auch einschlussweise die Übersetzung des *pro multis* mit „*für alle*" ihre Anerkennung, was als eigener Punkt aber offiziell nicht thematisiert wurde, auch nicht in der Erklärung der Glaubenskongregation *De sensu tribuendo adprobationi versionum formularum sacramentalium* vom 25. Januar 1974[3].

Allerdings gab es bereits im Jahre 1970 eine *offiziöse* Stellungnahme, und zwar in der von der Gottesdienstkongregation herausgegebenen Monatszeitschrift „Notitiae"[4]. Diese Stellungnahme erfolgte in Form von *quaestiones* zur neuen Übersetzung des Kelchwortes[5] samt *responsiones*, deren Verfasser zwar ungenannt bleibt, hinter dem aber der Herausgeber der Zeitschrift, also die Gottesdienstkongregation mit ihrer Autorität stehen dürfte. Von den vier gestellten *quaestiones* (a–d) interessieren hier vor allem die beiden ersten.

Zunächst will der anonyme Fragesteller wissen, *an adsit et quaenam sit ratio sufficiens pro hac variatione inducenda?*, also ob es eine ausreichende Begründung für die landessprachlichen Übersetzungen gibt und wie sie lautet. Nach der prinzipiellen Feststellung, dass die *variatio* jener Übersetzungen „voll gerechtfertigt sei" *(plene iustificatur)*, beruft sich die *responsio ad (a)* auf die Exegese, der zufolge die aramäische Wendung, die im Lateinischen mit *pro multis* wiedergegeben werde, eigentlich die Bedeutung „für alle" besäße. Zu sagen: „Christus ist für alle gestorben", sei deshalb dasselbe, wie zu sagen: „Er ist für viele gestorben".[6] Bemerkenswert an dieser Argumentation – und das passt zu den Tendenzen der 70er Jahre! – ist der implizite Rekurs auf den historischen Jesus, dessen *ipsissima verba* (im Aramäischen!) als letztgültige Instanz reklamiert werden – noch jenseits des überlieferten *griechischen* Textes des Neuen Testaments. Letzteres verrät auch, wer der Vater des Gedankens, wer der Exeget war, an den die *responsio ad (a)* insbesondere gedacht haben muss, nämlich der evangelische Göttinger Neutestamentler *Joachim Jeremias*[7]! Seine Studien zum Verständnis der Abendmahlsworte Jesu[8] waren und sind von großem Einfluss. Die in ihnen vertretene These lautet: Das *hyper pollōn* (= für viele) der Abendmahlsworte (Mk 14,24 par. Mt 26,28 *[peri pollōn]*) ist „nicht ausschließend (‚viele, aber nicht alle'), sondern in semitischer Redeweise einschließend (‚die Gesamtheit, die viele umfasst') gemeint". So habe auch „die johanneische Tradition interpretiert, die in ihrer Wiedergabe des Deutewortes zum Brot *hyper pollōn* mit *hyper tēs tou kosmou zoēs* (Joh 6,51c) umschreibt" (= *für das Leben der Welt*). Sinngemäß sei Mk 14,24c deshalb zu übersetzen mit: das Blut, „das für die Völkerwelt vergossen wird"[9].

Mit der zweiten, der *quaestio ad (b)* wechselt das Register. Jetzt geht es um die tridentinische Lehre, wie sie der *Catechismus Romanus* festhält. Die besorgte Frage lautet, ob denn nun durch die neuen Übersetzungen diese Lehre „überholt" sei *(habenda sit ut superata)*[10]. Das weist die *responsio* entschieden zurück, wobei sie die *doctrina Catechismi Romani* in klassischer Weise so auf den Punkt bringt: „distinctio circa mortem Christi *sufficientem pro omnibus, efficacem solum pro multis*, valorem suum retinet" – „die Unterscheidung in Bezug auf den Tod Christi, der *für alle ausreichend* ist, *wirksam aber nur für viele*, behält ihre Gültigkeit." Im Blick darauf, dass es im Neuen Testament *beide* Formeln gibt – „für *viele*" und „für *alle*" (1 Tim 2,6) (siehe unten!) –, nimmt also die *responsio*, gut tridentinisch, eine scholastische *distinctio* vor, um die beiden semantisch einander zuordnen zu können. Kurzum: Greift *responsio ad (a)* auf die Exegese zurück, so bedient sich *responsio ad (b)* philosophischer Kategorien (*sufficiens-efficax*); sie ist „exegesefrei". Ob und wie die beiden Argumentationsmuster zusammenpassen, verraten die je für sich stehenden *responsiones* nicht!

Höchst bemerkenswert ist nun, dass nur kurze Zeit nach diesem offiziösen Text in den „Notitiae" der renommierte Gräzist und Bibliker *Max Zerwick* vom Bibelinstitut in derselben Zeitschrift unter der Rubrik „Studia" eine exegetische Stellungnahme zur *responsio ad (a)* veröffentlicht hat, die sich durch höchst differenzierte Argumentation auszeichnet[11]. Sie nennt auch ihre Veranlassung, „eine gewisse Unruhe" *(aliqua inquietudo)*, die eine genauere Behandlung der Frage *ex parte exegeseos* notwendig mache.

Zunächst bemerkt er zum ersten Satz der *responsio*[12], diesen müsse man „vorsichtiger" formulieren. Der hebräische/ aramäische Terminus für „viele" bedeute nicht automatisch

„alle", vielmehr hinge das vom Kontext ab[13]. Dafür „*sichere Beispiele*" beizubringen, sei aber gar nicht so einfach[14]. Doch sind ihm dann die Belege, die vom Heilswerk Christi ausdrücklich eine „Totalität" aussagen, so eindrücklich[15], dass er im Licht dieses „Kontextes" auch dem *pro multis* des Kelchworts einen universalen Sinn zuschreiben möchte. Freilich stelle sich dann die Frage, warum „trotz Evidenz in der Sache" es dort nicht ausdrücklich heiße: *pro omnibus*?

Darauf gibt Zerwick eine doppelte Antwort. Zum einen hätten die ersten Tradenten, des semitischen Idioms mächtig, bewusst an ihm festgehalten, hätten sie doch seine „ursprüngliche Färbung" *(colorem originis illius formulae ,pro multis')* noch „schmecken" können. Zweitens hätte Jesus selbst die Wendung gewählt, um an Jes 53,11f. zu erinnern, den Gottesknecht – *cuius opus Iesus morte sua impleturus erat.*[16] Die Pointe der Bezugnahme auf Jes 53 sieht Zerwick also eher noch traditionell in der jesuanischen Erfüllung einer alttestamentlichen Verheißung, nicht in der darin vor allem zum Ausdruck kommenden Israel-Bezogenheit Jesu. Für ihn sind „die Vielen" die unabsehbare Menge aller Menschen aus den Völkern.

Wenn Zerwick schließlich eine Lanze für die Übersetzung der Formel mit „für alle" bricht, dann wegen der Missverständlichkeit der Alternative „für viele" in den Zielsprachen[17]. Die Anspielung auf die „Theologie des Gottesknechts – für die Alten noch so beredt! – werde bei uns allein von den Experten realisiert *(inter nos solis expertis exstat)*". Bezeichnend ist, dass Zerwick auf die zweite *quaestio* der „Notitiae" (zur tridentinischen Lehre) erst gar nicht eingeht[18]. Beachtlich ist schließlich sein Hinweis auf die unterschiedlichen Fassungen des Kelchworts im Neuen Testament selbst (einerseits Mk 14,24 par. Mt 26,28; andererseits Lk 22,20 par. 1Kor 11,25), weil sie ihm zeigen, dass „die apostolische Kirche" kein vordringliches Interesse daran gehabt hätte, die *ipsissima vox* des Herrn zu „konservieren". Letzteres scheint ein Seitenhieb gegen J. Jeremias zu sein.

Der jüngste römische Entscheid und seine Gründe

Seit gut 30 Jahren hat sich nun im deutschen Sprachraum die Übersetzung des *pro multis* mit „für alle" eingebürgert. In anderen europäischen Sprachen besitzt sie ihr Analogon („per tutti, for all men" etc.), aber nicht überall (nicht in Polen, und im französischen Missale heißt es: „versé pour vous et pour la multitude ..."). Jetzt will Rom nach Konsultation aller Präsidenten der Bischofskonferenzen wieder zu einer *wörtlichen* Übersetzung des auch im nachkonziliaren Missale Romanum festgehaltenen *pro multis* mit „für viele" („for many", „per molti" etc.) in den Landessprachen zurückkehren. Die Gründe, die dafür im Schreiben des Präfekten der Gottesdienstkongregation (unter Punkt 3) genannt werden, sind die folgenden:

– die Treue zum Urtext, der auch in allen modernen Bibelübersetzungen entsprechend wiedergegeben werde; dazu verweist die Kongregation auf die Instruktion *Liturgiam Authenticam* (2001) (über den Gebrauch der Volkssprachen bei der Herausgabe der Bücher der römischen Liturgie), die das Kriterium der „Genauigkeit" der Übersetzungen bereits angemahnt habe;

– der „von verschiedenen Bibelwissenschaftlern" herausgestellte intertextuelle Bezug zu Jes 53,11 („*mein Knecht, der gerechte, macht die Vielen gerecht*" [Vulgata]), den eine getreue Übersetzung wieder sichtbar machen könne[19];

– die unangefochtene lateinische Tradition (*nie pro omnibus*), zu der die Hochgebete (die Anaphoren) der verschiedenen orientalischen Riten, „ob in griechischer, syrischer, armenischer oder slavischer Sprache", ein wörtliches Äquivalent böten.

Letzteres stellt ein ökumenisches Argument von nicht zu unterschätzendem Gewicht dar. Auf die Liturgien der Kirchen der Reformation wird aber nicht hingewiesen, was zu bedauern, aber insofern nachvollziehbar ist, als bei ihnen eine größere Variationsbreite anzutreffen ist. Nur ein „für *alle*" findet sich (soweit mir bekannt ist) auch bei ihnen nicht. Wenn man es nicht beim applizierenden „für euch" im Kelchwort belässt, lautet dieses wie in der Württembergischen Ausgabe des „Evangelischen Gesangbuches" von 1996 so: „Trinket alle daraus; das ist mein Blut des Neuen Bundes, das *für euch und für viele* vergossen wird zur Vergebung der Sünden. Das tut zu meinem Gedächtnis"[20].

„Für viele" – nicht „für alle"? Zur Theologie des römischen Schreibens

Zur bisherigen Übersetzung mit „*für alle*" bemerkt das römische Schreiben, dass es sich bei ihr „eher" um „eine Erklärung solcher Art" handle, „die richtigerweise in die Katechese gehört". Doch stellt es gleich eingangs (unter Punkt 2) fest, wohl um den zu erwartenden Irritationen vorzubeugen, dass diese Erklärung beziehungsweise der bisherige „Wortlaut" „unzweifelhaft mit einer korrekten Interpretation der Absicht unseres Herrn überein(stimme), wie sie im Text (sc. der gegenwärtigen Übersetzung) ausgedrückt wird. Es ist ein Dogma des Glaubens, dass Christus für alle Männer und Frauen am Kreuz gestorben ist".

Dann aber bietet das Schreiben im Anschluss an seine Bemerkung zur Katechese doch noch eine eigene *Deutung* der alten/neuen Übersetzung, was überrascht, denn man könnte ja meinen, dass ein römischer Entscheid sich mit der Festsetzung der biblisch genormten liturgischen Fassung der Herrenworte begnügt, bei deren theologischer Deutung aber Zurückhaltung übt. Offenkundig will jedoch das Schreiben im

Anschluss an sein eigenes Stichwort *Katechese* Orientierung für eine solche bieten, wobei man sich fragt, ob dies nicht damit zusammenhängt, dass eben auch höchst fragwürdige Interpretationen des *„für viele"* im Raum stehen, auf die das Schreiben vorsorglich reagieren möchte. Dabei geht es nicht nur um den zu befürchtenden Automatismus, mit dem sich das Missverständnis *viele = nicht alle* vom Deutschen her einstellen wird (vgl. oben M. Zerwick). Vielmehr hat man auch an die kämpferischen Splittergruppen am rechten Rand der Kirche zu denken (Pius- und Petrusbruderschaft u.a.), die immer schon gegen die nachkonziliare Übersetzung mit „für alle" polemisiert haben, weil sie angeblich einem vermessenen Heilsoptimismus oder der „Irrlehre der Allerlösung" Vorschub leiste[21]. Diesen prekären Horizont, in dem der Entscheid rezipiert werden wird, verbalisiert das Schreiben selbst nicht, wird ihn aber im Auge haben. Wie sieht die von ihm angebotene Deutung des Ausdrucks „für viele" also aus?

Dieser Ausdruck, so heißt es, „ist für die Einbeziehung jedes Menschen offen und bezeugt [!] die Tatsache, dass diese Erlösung nicht auf eine mechanische Art und Weise – ohne die Einwilligung oder Teilnahme der Einzelnen – geschieht. Der Gläubige ist vielmehr eingeladen, das Geschenk, das ihm angeboten wird, gläubig anzunehmen und das übernatürliche Leben zu empfangen, das denen gegeben ist, die an diesem Geheimnis teilnehmen und die auch davon in ihrem Leben Zeugnis geben, so dass sie unter die ‚vielen' – auf die sich der Text bezieht – gezählt werden." Dass hier von der „Einladung" an die Gläubigen gesprochen wird, das ihnen angebotene „Geschenk" auch „anzunehmen" und so „das übernatürliche Leben zu empfangen", deutet darauf hin, dass die angebotene Deutung des Ausdrucks „für viele" im Horizont der Eucharistie als Vergegenwärtigung der „Erlösungs"-Tat Christi am Kreuz verstanden werden will. Zugleich verbindet sich mit solcher Sicht ein anthropologischer Gesichtspunkt, wenn nämlich gesagt wird, die „Erlösung" geschehe „nicht auf eine mechanische Art und Weise – ohne die Einwilligung oder Teilnahme des Einzelnen", sondern erfordere – so kann man den Text verstehen – den ganzen Menschen, der zur Eucharistie eben hinzutreten muss, um das Sakrament zu „empfangen". Eine Aufweichung des sola gratia wird man dieser knappen Ausführung nicht nachsagen können.

Hält man sie indes mit dem eingangs festgehaltenen „Dogma des Glaubens" zusammen, „dass Christus für alle Männer und Frauen am Kreuz gestorben ist", dann gewinnt man den Eindruck, dass hier die universale Formel „für alle" mit Bedacht für die Deutung des *Heilstodes* Jesu reserviert, der Ausdruck „für viele" hingegen auf die den Heilstod zueignende *Eucharistie* bezogen werde, eben „das Blut, das für euch und viele vergossen wird zur Vergebung der Sünden". Lässt sich aber eine solche Aspekt-Verteilung samt anthropologischer Differenzierung aus exegetischer Sicht halten oder muss man nicht vielmehr urteilen, dass hier eine biblische Redeweise zur Projektionsfläche geworden ist für eine in sich durchaus stimmige theologische Überlegung, die mit jener Redeweise aber ursprünglich nichts zu tun hat?[22] Ernüchtert stellt man fest, dass die vom *Catechismus Romanus* herkommende scholastische Distinktion in dieser Frage *(sufficiens pro omnibus – efficax pro multis)* ungebrochen fortgeschrieben wird.[23]

Exegetischer Einspruch gegen das katechetische Angebot des römischen Schreibens

1. Das Markusevangelium bietet die sühnechristologische Formel „für viele" in eucharistischem und nicht-eucharistischem Kontext *unterschiedslos*. So lautet das Lösegeld-Wort

Mk 10,45, das auf die Lebenshingabe Jesu insgesamt blickt: „denn auch der Menschensohn ist nicht gekommen, um sich bedienen zu lassen, sondern um zu dienen und sein Leben hinzugeben *als Lösegeld für viele*" (vgl. auch Hebr 9,28). Hier der Formel die Absicht unterstellen zu wollen, sie *„bezeuge"* die „nicht-mechanische Art und Weise der Erlösung", wäre angesichts der verwendeten Metaphorik vom Lösegeld, das Jesus bezahlt hat, abstrus. Übrigens „übersetzt" 1 Tim 2,5f. das Herrenwort für griechisch denkende Christen der dritten Generation so: „Einer ist Gott, einer auch Mittler zwischen Gott und den Menschen: der Mensch Christus Jesus, der sich hingegeben hat *als Lösegeld für alle*".

Richtig ist, dass die Abendmahlsworte Jesu den Verweis auf sein Sterben auch in einer auf die feiernde Gemeinde adaptierten Gestalt bieten können, nämlich wenn es heißt: „für euch (hingegeben)" (Lk 22,19; 1 Kor 11,24). Doch vergleichbare adaptierende Umwandlungen finden sich auch sonst bei der „Hingabe"-Formel, ohne dass damit der Part des Menschen im „Erlösungsgeschehen" thematisiert wird (vgl. Gal 1,4; 2,20; Eph 5,2). Tritt die Anrede „für euch" an die Stelle der Aussage „für viele", dann soll das bewirken, „dass jeder der Feiernden sich vom Herrn ganz persönlich angeredet weiß"[24].

2. Das römische Schreiben erklärt, Christus sei gewiss „für alle Männer und Frauen am Kreuz gestorben", und gibt zugleich zu verstehen, dass der „für die Einbeziehung jedes Menschen offen(e)" Ausdruck „für viele" auf „die Einwilligung oder Teilnahme der Einzelnen" ziele. Damit stellt es aber die Formel in einen semantischen Zusammenhang, der ihren präzisen Sinn verschleiert. *„Viele" steht in den neutestamentlichen Belegen in Opposition nicht zu „allen", sondern zu „dem Einen"*[25]. So heißt es etwa in Röm 5,18f.:

18 a „Also: Wie es durch *eine (einzige)* Verfehlung

für alle Menschen zur Verdammnis kam,

b so kommt es auch durch *eine (einzige)* Erfüllung des (Gottes-)Rechts

für alle Menschen zum Freispruch, der das Leben schenkt.

19 a Denn wie durch den Ungehorsam des *Einen*

die Vielen als Sünder eingestuft wurden,

b so sind auch durch den Gehorsam des *Einen*

die Vielen als Gerechte eingestuft worden"[26].

Wie V.19b zeigt, bezieht sich Paulus hier auf Jes 53,11 (*„gerecht macht mein Knecht die Vielen"*). Er meint: Auf Grund des Sterbens des einen Gerechten, Jesus, werden nun „die Vielen", die ausnahmslos alle Sünder sind, von Gott als Gerechte angesehen. Man begreift die Rede von „den Vielen" somit nur von der Vorstellung des Sühntods Jesu her: Der Eine tritt sterbend für die Vielen ein – stellvertretend für sie und zugleich ihnen zugute![27]

Im eucharistischen Kontext verdeutlicht diesen semantischen Konnex 1Kor 10,16f. (vgl. auch Röm 12,5), wobei eine Fassung der Abendmahlsworte im Hintergrund stehen dürfte, wie wir sie ähnlich aus Mk 14,22–24 kennen[28]:

16 a „Der Becher des Segens, den wir segnen,

b ist er nicht Teilhabe am *Blut* Christi?

c Das Brot, das wir brechen,

d ist es nicht Teilhabe am *Leib* Christi?

17 a Weil (es) *ein* Brot (ist),

b sind wir, *die Vielen, ein* Leib,

c denn wir *alle* haben teil an dem *einen* Brot".

Die Logik von V.17 gewinnt ihre sinnenfällige Anschaulichkeit in der eucharistischen Handlung: Der *eine* Brotlaib, der gebrochen (V. 16c) und an *alle* Gemeindemitglieder verteilt wird (V.17c), verbindet sie – *„die Vielen"* – miteinander in dem *einen* Leib Christi. Wirksam wird wieder die im Hintergrund stehende sühnechristologische Deutung des Todes Jesu: Es ist die im eucharistischen Mahl sich verdichtende „Teilhabe am Blut" bzw. „Leib Christi", das heißt an dem für uns in den Tod gegebenen und auferweckten Christus, welche „die Vielen" zu einer neuen (ekklesialen) Wirklichkeit eint. Wie in Röm 5,18 alternieren auch hier die beiden jeweils eine Ganzheit bezeichnenden Ausdrücke „alle" und „die vielen", ohne dass eine semantische Verschiebung zu erkennen wäre. Nur der Bezug der Termini ist jeweils anders: Sind „die Vielen" in Röm 5,18f. „alle Menschen", so ist die Gesamtheit, die 1Kor 10,16f. im Blick hat, das „Wir" der ganzen Gemeinde[29]. *Der universale Aspekt ist also für den Ausdruck „die Vielen" nicht konstitutiv, vielmehr haben wir einen Ganzheits-Terminus vor uns, der unterschiedliche Füllungen der Ganzheit erlaubt.* Wie sieht unter diesem Gesichtspunkt die Sachlage bei den Abendmahlsworten Jesu aus?

3. Gegenüber den grundlegenden Studien von J. Jeremias hat sich die Diskussionslage inzwischen weiterentwickelt[30]. Jeremias nahm nicht nur an, dass der jesuanischen Urform des Kelchworts die markinische Fassung am nächsten käme[31], sondern postulierte für Jesus auch ein Verständnis des semitischen Ausdrucks „viele"[32], das nicht spezifisch auf Israel, sondern auf die Völkerwelt bezogen sei (wie M. Zerwick). Für das Gottesknechtslied Jes 52,13–54,12 selbst dürfte es aber mit H.-J. Hermisson und B. Janowski inzwischen klar sein, dass „die Vielen", die in den Rahmenteilen des Liedes auftreten (52,14/53,11f.), identisch sind mit den „Wir", die in seiner Mitte sprechen. Daraus folgt dann aber, dass „mit den ‚Vielen' […] die Gesamtheit Israels

gemeint(ist)", die den Knecht in seiner Not feindlich isoliert (vgl. auch Ps 31,10–14 u.a.)[33]. Wichtiger erschien aber Jeremias die „vorchristliche" Auslegung des Liedes, von der er auf der Basis sehr fragwürdiger Belege behauptete, sie habe die „Vielen" bereits auf die Völker bzw. Juden und Heiden bezogen[34] – ganz im Gegensatz zur nachchristlichen jüdischen Deutung, die in angeblich antichristlicher Polemik die Wendung auf Israel eingegrenzt hätte. Doch abgesehen von der Unhaltbarkeit dieser Konstruktion ist vor allem zu bedenken, an wen Jesus sich mit seiner Gottesreich-Botschaft wandte und von wem er Ablehnung erfuhr. Sein Ansinnen war, *ganz* Israel zu sammeln, und als er Widerstand vonseiten der religiösen und politischen Autoritäten Israels erfuhr, musste ihm zumindest die Möglichkeit seines gewaltsamen Endes vor Augen gestanden haben. Sollte dadurch das von ihm proklamierte Erwählungshandeln Gottes an Israel als gegenstandslos widerlegt sein? „Gerade unter dieser Voraussetzung ist es durchaus glaubwürdig, dass Jesus seinen zu erwartenden Tod als Lebenshingabe für ‚die vielen' im Sinne der Gottesknechtsüberlieferung von Jes 53 gedeutet hat, wobei er […] bei ‚den vielen' zunächst an die Gesamtheit Israels gedacht haben dürfte"[35].

Nach Ostern – im Zuge der Öffnung der jesuanischen Bewegung in die Völkerwelt hinein – wuchs dann den Christen unter dem Vorzeichen ihres Glaubens an die Auferweckung Jesu und seine Inthronisation zum Herrn der Völker (vg. Mt 28,16–20; Röm 10, 9–13 etc.) die Einsicht auch in die universale Heilsbedeutung seines Todes zu. Jetzt ließ „für viele" an die Gesamtheit der Völker denken, der Bezug des Ganzheits-Terminus wurde universal. Bezeichnend ist Joh 6,51c („das Brot, das ich geben werde, ist mein Fleisch für das Leben der Welt")[36], weil man in den johanneischen Gemeinden doch Gründe genug hätte finden können, das eigene Erwählungsbewusstsein auch in das eucharistische

Geschehen einzutragen, aber man tat es nicht. Markus bahnt in seiner Passionserzählung der universalen Lesart der Wendung unter anderem dadurch den Weg, dass er Jesus schon im Tempel das gewichtige Jesaja-Wort sprechen lässt: „mein Haus soll ein Haus des Gebets *für alle Völker* sein!" (Mk 11,17 = Jes 56,7). Da er unmittelbar nach Jesu Tod vom Zeichen des Zerreißens des Tempelvorhangs (vor dem Allerheiligsten) erzählt und gleichzeitig den heidnischen Hauptmann ein Bekenntnis zu Jesus ablegen lässt (Mk 15,38f.), gewinnt der Leser den Eindruck: Die Hingabe Jesu in den Tod geschieht allen zugute, jetzt verbürgt sich Gott mit seinem Heilswillen *„für alle Völker"*. Und – so kann man fragen – entspricht das nicht auch zutiefst dem jesajanischen Bild vom Gottesknecht, zu dem Gott sagt: „Es ist zu wenig, dass du mein Knecht bist, um die Stämme Jakobs aufzurichten und die Bewahrten Israels zurückzubringen. So mache ich dich auch zum Licht der Nationen, dass mein Heil reiche bis an die Enden der Erde" (Jes 49,6; vgl. auch Jes 42,6; Lk 2,32; Apg 13,47).

Kurzum: Die Neuausrichtung des Ganzheits-Terminus „für viele" über die Gesamtheit Israels hinaus jetzt auf „alle Völker", also seine universale Füllung, war ein theologischer Vorgang, der sich auf Grund des Osterkerygmas notwendigerweise einstellte und dann auch sprachlich dort seinen Niederschlag erfuhr, wo griechisch denkende Christen der späteren Generationen nicht mehr um die Bedeutung des semitischen Idioms „(die) Viele(n)" wussten. Man übersetzte es, wie zum Beispiel in 1Tim 2,6 (siehe oben!) ersichtlich, mit „alle".

Zu hohe Ansprüche an die Katechese?

Den Entscheid Roms zu bewerten, zur Übersetzung des Kelchworts mit „für viele" zurückzukehren, fällt zugegebenermaßen nicht leicht. Aus ökumenischen Gründen sollte man ihn aber begrüßen. Und aus bibeltheologischer Sicht bietet er den nicht zu unterschätzenden Vorteil, dass in der Treue zum Urtext jetzt wieder die innerbiblische Anspielung des Kelchwortes auf Jes 53 sichtbar wird. M. Zerwick wertete diese Anspielung einst als nur für den Experten interessant (siehe oben!). Inzwischen sieht man die Dinge aber anders. Dass Jesus im Angesicht des Todes mit diesem Rekurs auf das stellvertretende Leiden des Gottesknechts seinen bleibenden Anspruch auf ganz Israel dokumentierte, ist für eine bibeltheologisch begründete christliche Israel-Theologie fundamental. Dies wieder in der Mitte der Eucharistie sichtbar zu machen, lohnt alle Mühe.

Was die theologische Weisung des römischen Schreibens für die Katechese betrifft, muss man sagen, dass sie mehr verwirrt als Klarheit schafft. Man hätte sich von der Tradition des *Catechismus Romanus* lösen und stärker der Exegese anvertrauen sollen. Es sei angemerkt, dass der *Katechismus der Katholischen Kirche* von 1993 diese Tradition ausdrücklich aufgegeben hat. So heißt es im Kontext der Auslegung des zweiten Artikels des Glaubensbekenntnisses: „Er (Jesus) erklärt, er gebe sein Leben hin ‚als Lösegeld für viele‘ (Mt 20,28). Der Ausdruck ‚für viele‘ ist nicht einengend, sondern stellt die ganze Menschheit der einzigen Person des Erlösers gegenüber, der sich hingibt, um sie zu retten (vgl. Röm 5,18–19). Im Anschluss an die Apostel (vgl. 2Kor 5,15; 1Joh 2,2) lehrt die Kirche, dass Christus ausnahmslos für alle Menschen gestorben ist: ‚Es gibt keinen Menschen, es hat keinen gegeben und es wird keinen geben, für den er nicht gelitten hat‘ (Synode von Quiercy 853: DS 624)" (Nr. 605).[37]

So fremd und auch anstößig das Kelchwort Jesu jetzt wieder manchen erscheinen mag, vielleicht provoziert es sie zu Nachfragen und bietet damit Katechese und Predigt die Gelegenheit, darüber zu reden und so wichtigen Themen wie Jesu Sendung zu Israel, der Universalität des Heils etc.

mehr Aufmerksamkeit zu schenken. Das sollte man nicht geringschätzen, sondern als Herausforderung begreifen. Hoffen wir, dass die gegenwärtige Unruhe eine heilsame sein wird und da oder dort auch wieder verstärkt über die Eucharistie gepredigt wird, über die Gabeworte Jesu und seine Einladung an alle – Israel und die Völker –, an seinem messianischen Mahl der Freude teilzuhaben (vgl. Lk 14,15–24; 22,28–30).

Nachschrift

Woher hat der *Catechismus Romanus* seine semantische Differenzierung zwischen *omnes* und *multi*? Steht dahinter eine ältere, vielleicht sogar patristische Auslegungstradition (vgl. Anmerkung 10)? Das kann hier nicht in aller Breite untersucht werden, aber wenigstens einige Informationen sollen mitgeteilt werden. Interessant ist zunächst ein Schlaglicht auf die patristische Auslegung von Röm 5,15/19 (siehe oben!), das wir *K.H. Schelkle* verdanken.

In seinem Paulusbuch erklärt er zu Röm 5,15/19: „Unfraglich bedeutet [an diesen Stellen] *hoi polloi* soviel wie ‚die Vielen‘, das heißt ‚alle‘. Die alte Auslegung hat das oft verkannt"[38]. Dazu sammelt er reiches Material, aus dem folgendes hervorgehoben sei:

„Was *Origenes* angeht, so muss hier seine Auslegung von der Zugabe des Rufin in der [lateinischen] Übersetzung geschieden werden. Denn Origenes eigen wird folgende Interpretation zu Röm 5,15 sein: *pantes* und *hoi polloi* bedeuten das gleiche. Wenn Paulus aber sagen würde, dass, wie Tod und Sünde sich von Adam her über alle verbreitet haben, so sich Rechtfertigung und Leben von Christus her über alle verbreiten, möchten wohl die Trägen sich in falscher Sicherheit wähnend nachlässig werden, da ja die Gnade allen zuteil werde. Bei Röm 5,17 sei aber für die, welche im Leben mit Christus herrschen, keine Zahl genannt, da ihre Zahl sicher sehr klein sei." Im Originalton lautet die entscheidende Passage bei Origenes[39]:

> „Paulus hat an dieser Stelle nicht ohne tiefe Weisheit, von der er sagt, dass er sie unter den Vollkommenen verkündet (vgl. 1 Kor 2,6), seine Worte abgewogen. Die er anderswo ‚alle' (vgl. 1 Kor 15,22) genannt hatte, hat er hier als ‚viele' oder ‚sehr viele' bezeichnet *(quos alibi ‚omnes' dixerat, hic ‚multos' vel ‚plures' appellavit)*[40], wo er die beiden Tatsachen vergleicht, dass einerseits die Sünde und der Tod auf alle Menschen übergegangen sind von Adam her und andererseits die Rechtfertigung und das Leben von Christus her. Wenn er ohne Einschränkungen verkündigte, dass im gleichen Sinn und in demselben Maß, wie der Tod der Sünde von Adam aus auf alle Menschen übergegangen ist, auch die Rechtfertigung und das Leben, das von Christus kommt, auf alle Menschen übergeht, so würde er seine Zuhörer nachlässig machen; sie würden dann träge werden in ihrer christlichen Lebensweise, unbesorgt und sicher mit Bezug auf das Leben *(certi de securitate vitae)*, das durch die Gnade Christi allen Menschen zuteil werden sollte".

In Röm 5,19 liest die Vulgata beidesmal *multi*, was ein Echo in der lateinischen Exegese hat. Im Einzelnen notiert Schelkle: „*Ambrosiaster* legt Röm 5,19 wie jene Mehrzahl der frühen griechischen Väter aus: Viele *(plures)* folgten der Sünde Adams durch Übertretung, nicht alle, und viele werden gerechtfertigt werden durch den Glauben Christi, nicht alle. *Pelagius* übersetzt und fasst auf: Viele sündigten und viele werden gerechtfertigt. Auch *Augustinus* (Propos. 29) übersetzt *multi*, ohne in den Anmerkungen zum Römerbrief das Wort weiter zu erklären. Aber in späteren Schriften erklärt er und verteidigt er seinen Sinn als ‚Gesamtheit', ‚alle'. Julian ist darum, wenn er mit diesem *multi* die Allgemeinheit der Erbsünde leugnen will, im Irrtum. Augustinus übersieht aber auch die Schwierigkeit nicht, dass dieses *multi* hier bei Adam alle Menschen bedeuten muss, und dasselbe Wort bei Christus nur die Gerechtfertigten bedeuten kann. Er gibt jene Lösung, die auch die unserer heutigen Auslegung ist: ‚Wie jeder,

der geboren wird als Adams Nachkomme und dann mit der Erbsünde in das leibliche Leben geboren wird, so wird jeder, der zum geistigen Leben wiedergeboren wird, aus Christus geboren' (*Augustinus*, De pecc. mer. et rem. 1,28,55 etc.)"[41].

Was nun die Auslegung des „für viele" im Kelchwort Mk 14,24 (par. Mt 26,28) wie im Lösegeld-Wort Mk 10,45 par. Mt 20,28 betrifft (überdies ist Hebr 9,28 zu beachten!), zeichnen sich relativ stabile Traditionen ab. Insgesamt hat man den Eindruck, dass man schon bald das *polloi* bzw. *multi* ohne viel linguistischen Aufhebens beim Wort nahm und vom *pantes/omnes* unterschied. Beachtlich sind folgende Belege[42]:

Johannes Chrysostomus bemerkt in seinem Hebräerbrief-kommentar zu Hebr 9,28: „‚Einmal', sagt er (Paulus), ist Christus hingeopfert worden, um die Sünden vieler hinweg-zunehmen'. Warum *vieler* und nicht *aller*? Weil nicht alle geglaubt haben. Er ist zwar für alle gestorben, damit er alle errette, soweit es ihn betrifft: sein Tod (für alle) entsprach dem Untergang aller. Nicht aber nimmt er hinweg und tilgt die Sünden aller, weil sie selbst es nicht gewollt haben"[43]. In seinem Mt-Kommentar zu Mt 20,28; 26,28 wird man nicht fündig (gleiches gilt für Origenes).

Für die lateinische Tradition sei zunächst *Cyprian* genannt, und zwar seine Auslegung der Brot-Bitte im Vaterunser: „Diese kann sowohl im geistlichen als auch im wörtlichen Sinn verstanden werden, denn beide Arten bergen einen göttlichen Nutzen und dienen zum Heil. Das [eucharistische] Brot des Lebens nämlich ist Christus (vgl. Joh 6,35), und dieses Brot gehört *nicht allen, sondern uns (panis hic omnium non est, sed noster)*. Und wie wir beten ‚Vater unser', weil er der Vater der Erkennenden und Gläubigen ist, so sagen wir auch ‚unser Brot', weil Christus das Brot derer ist, die wir seinen Leib berühren dürfen"[44].

In seinem Matthäuskommentar erklärt *Hieronymus* zum Lösegeld-Wort: „… er (Christus) hat die Gestalt eines Knechtes angenommen, damit er *für die Welt* sein Blut vergieße. Nicht sagt er, dass er sein Leben als Lösegeld hingebe *für alle,* sondern *für viele,* das heißt für die, welche glauben wollen"[45].

Ambrosius äußert sich zur Frage interessanterweise in seinem Kommentar zu Lukas, obwohl dessen Kelchwort das *hyper pollōn* des Mk nicht enthält: „Der Wert des Blutes ist der Wert der Passion des Herrn. Durch den Wert des Blutes also wird die Welt von Christus losgekauft; er ist nämlich gekommen, damit die Welt durch ihn gerettet werde. Er ist also gekommen, damit er die mit ihm durch die Taufe Gestorbenen und Bestatteten zur Gnade der Ewigkeit errette. Aber nicht allen ohne Unterschied wird er zum Orte des Begräbnisses, denn wenn auch der Begriff *Welt alle* einschließt, so errettet er dennoch nicht alle."[46]

Bemerkenswert ist das Zeugnis des *Remigius von Lyon* (stellvertretend für andere), weil es die Gewichte vom universalen soteriologischen Christus-Bekenntnis hin zur Eingrenzung auf die faktisch Glaubenden eindeutig verschiebt. So heißt es in seinem *Liber de tribus epistolis:* „… in ihren Schriften lehren die verehrungswürdigen Väter einsichtig und beweisen aus den Reden unseres Herrn und Heilandes selbst, dass sein kostbares Blut für viele vergossen worden ist zur Vergebung der Sünden (Mt 26,28), und dass er sein Leben als Lösepreis für viele hingegeben hat (Mt 20,26), und dass er nicht *für alle,* sondern *für viele* gesagt hat. So legen sie vernünftig dar, dass er alle, für die er starb, zu seinen Schafen machte, keineswegs aber die Gottlosen, die in ihrer Gottlosigkeit zu Grunde gehen und zu Grunde gehen wollen … Die aber damit nicht zufrieden sind und dagegen die Ansicht vertreten, Christus der Herr habe für alle, auch für die Ungläubigen, die nie glauben wollen und ganz in ihrer Gottlosigkeit zu Grunde gehen, Leiden und Tod auf sich genommen, kann man mit Recht fragen, warum der Herr gesagt hat, er werde sein Leben für viele hingeben und sein

Blut müsse für viele vergossen werden zur Vergebung der Sünden, und warum er nicht gesagt hat *für alle*. Als Antwort bleibt ihnen gar nichts anderes zu sagen, dass er deshalb *für viele* gesagt habe, weil man einsehen müsse, dass er nur für jene, die zum Glauben kommen und treu bleiben wollen, dies alles erduldet und nur für sie sein kostbares Blut vergossen habe. Es wird also die Lehre der Väter bekräftigt, die dieses *für viele* nur auf die Glaubenswilligen bezogen."[47]

In seiner *Catena Aurea* zu Mt 26,28 nimmt *Thomas von Aquin* auf einen Remigius (welchen?) Bezug, den er als einzigen Zeugen zur Frage anführt, freilich nur ganz knapp: „et notandum, quia non ait: Pro paucis, aut pro omnibus: sed *Pro multis*: quia non venerat unam totum gentem redimere, sed multos de omnibus gentibus"[48].

Diese Belege genügen, um die Annahme zu erhärten, dass der *Catechismus Romanus* mit seinem Verständnis des *pro multis* tatsächlich auf einer alten Auslegungstradition fußt. Man hat das *pro multis* beim Wort genommen und sah sich offenkundig nur da genötigt, *multi* und *omnes* für synonym zu erklären, wo es der biblische Text erfordert, nämlich bei Röm 5,12–21, und auch da nur, wie oben deutlich wurde, nach eingehenden Debatten, wobei Augustinus mit seiner „Erbsündenlehre" eine gewichtige Rolle spielte[49].

Anmerkungen

[1] Vgl. H.B. Meyer, *Eucharistie. Geschichte, Theologie, Pastoral* (Gottesdienst der Kirche. Handbuch der Liturgiewissenschaft, Teil 4), Regensburg 1989, 437.

[2] So die Erklärung „*De Precibus eucharisticis*" vom 6.11.1968, in: Dokumente zur Erneuerung der Liturgie. Dokumente des Apostolischen Stuhls 1963–1973 und des Zweiten Vatikanischen Konzils (hg. v. R. Rennings), Kevelaer-Freiburg Schweiz ²2002, 590; lat. in: *Enchiridion Documentorum Instaurationis Liturgicae* I (1963–1973) (comp. R. Kaczynski), Rom (Marietti) 1976, 420. Eingeleitet wird diese Erklärung mit der Feststellung: „Bei der Erstellung der *volkssprachlichen Übertragungen* (popularibus interpretationibus) der neuen Eucharis-

tischen Hochgebete ist folgendes zu beachten". Doch geht es dann im Text der Erklärung selbst nicht um die Frage der *interpretationes*, sondern um die *Identität* der Herrenworte in allen Hochgebeten. Der Herausgeber der deutschen Ausgabe übersetzt das *pro multis* mit „*für alle*" – entsprechend den approbierten Übersetzungen des neuen Missale Romanum.

[3] In: AAS 66 (1974) 661. Bemerkenswerterweise wird in diesem noch vor der Approbation der deutschen Übersetzung des Missale Romanum im September 1974 veröffentlichten Dekret betont, dass der *sensus originarius* der authentischen Texte in den Übersetzungen gemäß dem *proprium linguarum ingenium* auszudrücken sei. Der betonte Hinweis auf den *sensus ab Ecclesia intentus* bzw. die *mens Ecclesiae* reagiert vielleicht auf die durch die Übertragung der Einsetzungsworte entstandene Unruhe.

[4] Sacra Congregatio pro cultu divino, Notitiae 6 (1970) 39f. (Januar-Heft).

[5] „In quibusdam versionibus popularibus formulae consecrationis vini in Missa, verba ‚pro multis' sic vertuntur: anglice *for all men*; hispanice *por todos*; italice *per tutti*. Quaeritur ..."

[6] Im Original: „secundum exegetas verbum aramaicum, quod lingua latina versum est ‚pro multis', significationem habet ‚pro omnibus': multitudo pro qua Christus mortuus est, *sine ulla limitatione* est, quod idem valet ac dicere: Christus pro omnibus mortuus est". Daran schließt sich noch ein schönes Zitat aus *Augustinus*, Enarrationes in Psalmos (95, n. 5), an, das (in meiner Übersetzung) verkürzt so lautet: „... Das Blut Christi ist das Lösegeld (pretium). Was wiegt einen so großen Einsatz auf? Was sonst als der ganze Erdkreis! Was sonst als alle Völker! Äußerst *undankbar* (ingrati) seinem (sc. Christi) Lösegeld gegenüber beziehungsweise in höchstem Maße *stolz* (superbi) sind solche, die entweder sagen, jenes (gezahlte) Lösegeld sei zu gering, um auch nur die Afrikaner freizukaufen, oder sie selbst seien wichtig (magnos), für die allein (pro quibus solis) jenes Lösegeld bezahlt worden sei".

[7] Signifikant ist, dass er von seiner „Neutestamentlichen Theologie" nur ihren ersten Teil veröffentlicht hat, der überschrieben ist mit: „*Die Verkündigung Jesu*", Gütersloh 1971 ([3]1979). Das authentische Wort Jesu ist nach seiner Überzeugung „Mitte und Maßstab aller christlichen Theologie", woran sich das Glaubenszeugnis der Kirche, das „an die Stelle der viva vox der Verkündigung Jesu" getreten sei, messen lassen müsse (ebd. 295).

[8] J. Jeremias, Die *Abendmahlsworte Jesu*, Göttingen 1955, [4]1967 (dieses Buch wurde in viele Weltsprachen übersetzt!); ders., Art. *polloi* (= viele): ThWNT VI (1959), 536–545.

[9] Abendmahlsworte 221; vgl. ausführlich ebd. 171–174 sowie den polloi-Artikel!

[10] Es wäre eine eigene Untersuchung wert, aus welchen Quellen der Catechismus Romanus diese in den tridentinischen Konzilstexten selbst so nicht formulierte Lehre bezieht. Wahrscheinlich aus patristischen Auslegungstraditionen. Die einschlägige Passage, die in den „Notitiae" nicht zitiert wird, ist die folgende: *„pro vobis et pro multis, a Matthaeo et Luca singula a singulis sumpta sunt; quae tamen sancta Ecclesia Spiritu Dei instructa sumul coniunxit. Pertinent autem ad passionis fructum atque utilitatem* declarandam. Nam si eius *virtutem* inspiciamus, *pro omnium salute* sanguinem a Salvatore effusum esse fatendum erit; si vero *fructum* quem ex eo homines perceperint, cogitemus, *non ad omnes, sed ad multos tantum* eam *utilitatem* pervenisse facile intelligemus." (CATECHISMUS ROMANUS seu Catechismus ex decreto Concilii Tridentini ad parochos Pii V P.M. iussu editus. Editio critica [P. Rodriguez], Vatikan 1989, 250). Interessanterweise thematisiert der Catechismus Romanus die Differenz von *pro omnibus* und *pro multis* nur im Kontext seiner Eucharistielehre (in der sie auch ihre eigentliche Relevanz entwickelt) und *nicht* bei der Auslegung des zweiten Artikels des Credo („gekreuzigt, gestorben und begraben"). Anders jetzt der Katechismus der Katholischen Kirche von 1993 (s.u. Anm. 37)!

[11] M. Zerwick, „... *Pro vobis et pro multis effundetur ...*" (vom 1. März 1970), in: Notitiae 6 (1970) 138–140 (lateinisch).

[12] Vgl. oben in Anm. 6: „secundum exegetas ..."

[13] „Vox ,multi' igitur stricte loquendo non significat ,omnes'. At quia vox 'multi' aliter ac in linguis nostris occidentalibus, totalitatem *non excludit*, eam connotare *potest* et de facto connotat, ubi contextus vel materia subiecta hoc suggerit vel exigit» (ebd. 138).

[14] Er nennt 4Esr 8,3: *„Multi* quidem creati sunt, *pauci* autem salvabuntur" (dass *alle* geschaffen seien, sei offenkundig; hinzu trete die Opposition: multi-pauci; 1QH IV 28/29: „... wunderbar zu handeln vor *vielen* (rbjm) um deiner Ehre willen und kundzutun deine Machttaten *allen* (*kwl*) Lebendigen" (synonymer Parallelismus); im NT: Röm 5,12/15 (siehe unten); Mk 10,45/ 1Tim 2,6 etc.

[15] Er verweist auf Joh 1,29 (... *qui tollit peccatum mundi*); 3,16f.; 1Joh 2,2; 4,14; 1Tim 4,10; zur Eucharistie: Joh 6,33.51.

[16] Ebd. 140.

[17] Ebd. 140 spricht er von einer„vera inconvenientia" des „für viele": „phrasis ,pro multis' ... menti *nostrae* ... *excludit* illam universitaten operis redemptivi quae pro mente semitica in illa phrasi connotari potuit et propter contextum theologicum certe connotabatur" – „für *unser* Verständnis ... *schließt* die Wendung *pro multis* jene Universalität des Erlösungswerks *aus*, die für semitisches Verständnis in jener Wendung konnotiert werden konnte und wegen des theologischen Kontextes sicher konnotiert wurde".

[18] Die „Gefahr", die Übersetzung mit „für alle" könnte suggerieren, dass tatsächlich alle auch gerettet würden (omnes *actu* salvatum iri),

hält er *apud catholicos* nicht für gegeben, womit er sich allerdings gründlich geirrt hat. Vgl. unten Anm. 21!

[19] Sinnvoller wäre der Hinweis auf Jes 53,12e.f gewesen: *„Er aber trug die Schuld der Vielen und trat für die Frevler ein"* (so die Übersetzung des hebräischen Textes von H.J. Hermisson, Das vierte Gottesknechtslied im deuterojesajanischen Kontext, in: B. Janowski – P. Stuhlmacher [Hg.], *Der leidende Gottesknecht. Jesaja 53 und seine Wirkungsgeschichte* [FAT 14], Tübingen 1996, 1–25, 9). Die Vulgata übersetzt: „et ipse peccatum *multorum* tulit et pro transgressoribus rogavit".

[20] „Evangelisches Gesangbuch" Nr. 688, S. 1248. In den Ausgaben für Bayern/Thüringen und Baden fehlt das „für viele", in der Ausgabe der Rheinischen Kirche sucht man die *verba institutionis* überhaupt vergebens.

[21] Im Internet (www.kreuz.net) kann man als Kommentar zum römischen Schreiben vonseiten der Priesterbruderschaft St. Pius X lesen: „Dem Heilsangebot nach ist Christus in der Tat für alle gestorben. Aber dieses Angebot fordert die Annahme und Mitwirkung (!) des Menschen zu seinem Heil. Deshalb werden de facto nicht alle, sondern nur viele gerettet. Diese Richtigstellung Roms ist darum ein Damm gegen die grassierende Irrlehre der Allerlösung".

[22] Gleiches gilt für die Versuche, das „für alle" von seiner angeblichen „Sachlogik" her mit der Idee von der „Allerlösung" zusammenbringen zu wollen, die man aber gesondert diskutieren müsste. Vgl. in diesem Band den Beitrag von M. Striet, 81–92!

[23] Das gilt zum Beispiel auch für J. Cardinal Ratzinger, *Gott ist uns nah. Eucharistie: Mitte des Lebens* (hg. von St.O. Horn und V. Pfnür), Augsburg 2001, 36, wo er zu den beiden Formeln „für alle" und „für viele" ausführt: „Beide sagen je einen Aspekt der Sache aus: einerseits den umfassenden Heilscharakter von Christi Tod, der für alle Menschen gelitten wurde (sic!); auf der anderen Seite die Freiheit der Verweigerung als Grenze des Heilsgeschehens. Keine der beiden Formeln kann das Ganze sagen; jede bedarf der Auslegung und der Rückbeziehung aufs Ganze der Botschaft." Vgl. in diesem Band auch den Beitrag von H. Hoping, 65–79!

[24] Jeremias, *Abendmahlsworte* (s. Anm. 8) 165.

[25] Vgl. auch unten S. 43 das Zitat aus dem *Katechismus der Katholischen Kirche* von 1993. – Gleiches gilt auch für die Rede von „allen"; neben Röm 5,18 vgl. 2Kor 5,14f., wo es heißt: „Die Liebe Christi nämlich drängt uns, die wir zu diesem Urteil gekommen sind: *Einer* ist *für alle* gestorben, also sind *alle* gestorben; und für *alle* ist er gestorben, damit die Lebenden nicht mehr sich selbst leben, sondern dem, der für sie gestorben und auferweckt worden ist". Vielleicht enthielt die alte Glaubensformel V.14c/15a ursprünglich die Opposition „einer" – „viele", jedenfalls zieht Paulus für seine Korinther das „alle" vor! Zur Auslegung vgl. M. Theobald, *„... der uns den Dienst der Versöhnung übertragen hat" (2Kor 5,18). Das Apostelamt nach 2Kor 5,14-21*, in: G.

Augustin – K. Krämer (Hg.), *Leben aus der Kraft der Versöhnung* (FS Weihbischof J. Kreidler), Ostfildern 2006, 22–43.

[26] Übersetzung nach K. Haacker, *Der Brief des Paulus an die Römer* (ThHK 6), Leipzig [3]2006, 131.

[27] Dieses Verständnis der Vorstellung vom Sühntod Jesu kann hier nicht entfaltet werden; verwiesen sei auf M. Theobald, *Römerbrief. Kap. 1–11* (SKK.NT 6/1), Stuttgart [3]2002, 106–117 (Exkurs: „Stellvertretende Sühne. Eine Deutung des Kreuzes Jesu, die zu denken gibt"), und B. Janowski, *Stellvertretung. Alttestamentliche Studien zu einem theologischen Grundbegriff* (SBS 165), Stuttgart 1997.

[28] So ist neben der Rede von den „Vielen" (V.17b) auch die Parallelität von „Blut" und „Wein" signifikant (anders die paulinisch-lukanische Form, die im Becherwort vom „Neuen Bund in meinem Blut" spricht [1Kor 11,25; Lk 22,20]), Merkmale, die gerade die markinische Fassung auszeichnen. Zur Frage, wie die ungewöhnliche Abfolge *Becher-Brot* zu erklären ist, konsultiere man die Kommentare.

[29] Inkludierendes „die Vielen", bezogen auf die *Gemeinde*, begegnet des öfteren auch in den Qumran-Schriften, vgl. die Belege bei Jeremias, ThWNT VI, 538 (s. oben Anm. 8)!

[30] Philologisch kritisiert wurde unter anderem seine These, dass der „inkludierende Sprachgebrauch ... eine Folge davon (sei), dass das Hebräische und das Aramäische kein Wort für ‚alle' (besäße) (ThWNT VI, 536 mit Anm. 4). Doch vgl. zum Beispiel den Qumran-Beleg oben in Anm. 14!

[31] Heute gewinnt die Auffassung an Boden, der zufolge die soteriologische Aussage „für viele" ursprünglich zum Brot-Wort gehörte (vgl. Joh 6,51c; 1Kor 10,17; 11,24); vgl. M. Theobald, *Leib und Blut Christi. Erwägungen zu Herkunft, Funktion und Bedeutung des sogenannten „Einsetzungsberichts"*, in: M. Ebner (Hg.), *Herrenmahl und Gruppenidentität* (QD 221), Freiburg 2007, 121–165, 124 mit Anm. 10.

[32] Zum Nachweis, dass auch artikelloses *polloi* (= viele) (so Mk 10,45; 14,24; Mt 26,28) inkludierenden Sinn (= alle) haben kann, vgl. Jeremias, *Abendmahlsworte* 172f.; ein schönes Beispiel bietet die Sentenz Mt 22,14: „*Viele* ... sind berufen, *wenige* aber auserwählt", meint: „*alle* sind ... (zum Heilsmahl) gerufen, nur wenige tatsächlich erwählt!" Siehe auch oben 4Esr 8,3 in Anm. 14! In Jes 53,12 ist das erste *rbjm* mit Artikel versehen, das zweite („die Schuld von Vielen") nicht.

[33] Janowski, *Stellvertretung* (s. Anm. 27) 80 f.; Hermisson, *Gottesknechtslied* (s. Anm. 19) 12f.

[34] Jeremias, *Abendmahlsworte* (s. Anm. 8) 220 (zu äthHen 46,4f.; 48,8; 55,4; 62,1.3.6.9; 63,1–11; Weish 2,19f.; 5,1–23: an keiner dieser Stellen lässt sich ein Bezug zu den „Vielen" von Jes 53,11f. nachweisen!); eine Spur, aber nicht in der von Jeremias gemeinten Richtung, bietet lediglich Dan 12,3 (vgl. Jes 53,11): dazu M. Hengel, *Zur Wirkungsgeschichte von Jes 53 in vorchristlicher Zeit*, in: Janowski – Stuhlmacher, *Gottesknecht* (s. Anm. 19) 49–91,60f.

[35] H. Merklein, *Der Tod Jesu als stellvertretender Sühnetod. Entwicklung und Gehalt einer zentralen neutestamentlichen Aussage*, in: ders., *Studien zu Paulus* (WUNT 43), Tübingen 1987, 181–191, 183f. U. Luz, *Das Evangelium nach Matthäus* IV (Mt 26–28) (EKK I/4) Düsseldorf-Neukirchen 2002, 115f., zieht eine Anspielung des *pollōn* auf Jes 53 in Zweifel und meint, es so aus dem unmittelbaren Kontext zu deuten, was aber wenig überzeugend ist: „Der eine Becher kreist unter den vielen zu Tische liegenden Jüngern, und so kommt die sühnende Kraft des Opfertodes des einen Christus vielen zugute."

[36] Auch im Täuferwort Joh 1,29 („Seht, das Lamm Gottes, das die Sünde der Welt hinwegnimmt"), das auf Jes 53,12e (vgl. oben Anm. 19) beruht, wird „viele" mit „Welt" wiedergegeben.

[37] *Katechismus der Katholischen Kirche*, München 1993, 187. – Es ist bemerkenswert, dass diese Ausführungen *hier* und nicht im Eucharistie-Kapitel stehen (wie im *Catechismus Romanus*, s.o. Anm. 10). Die traditionelle semantische Differenzierung zwischen *pro omnibus* und *pro multis* ist damit hinfällig.

[38] K.H. Schelkle, *Paulus. Lehrer der Völker. Die altkirchliche Auslegung von Röm 1–11*, Düsseldorf 1956, 190; vgl. insgesamt 190–192. Schon Johann Adam Möhler bemerkte in seiner *„Vorlesung zum Römerbrief"* aus den Jahren 1835–1837 (hg. von R. Rieger, München 1990) zu Röm 5,15 (ebd. 146): *„hoi polloi* bekanntlich nicht = *polloi*, sondern die Masse das heißt Alle, wie oben V.12 *pantes".*

[39] Nach der Übersetzung von Th. Heither in: FChr Bd. 2/3: *Origenes. Commentarii in epistulam ad Romanos. Lib. V und VI* (lateinisch und deutsch), Freiburg 1993, 88f. (5,2).

[40] Der lateinische Text (Vulgata) liest in Röm 5,15 *plures* (statt *multos*) (die Neovulgata hat das nach dem griechischen Text korrigiert), weshalb das *vel plures* im Kommentartext des Origenes auf die lateinische Übersetzung des Rufin zurückgehen dürfte. Dieses *plures* gibt dann anschließend den Anstoß zu einer weiteren Deutung (FChr S. 89f.), die, wie Schelkle als erster erkannt hat, nicht die des Origenes sein kann (vgl. auch Heither in FChr Bd. 2/3, 90f. Anm. 53).

[41] Paulus, a.a.O. 191f.

[42] Hinweise findet man bei *M. Wildfeuer*, Treue zum Testament des Herrn: ‚für viele' oder ‚für alle'?, in: UVK 36 (2006) 17-40. Er selbst fußt auf Recherchen von F. Bader, Eichstätt, verschweigt aber (schamhaft) ihren Fundort. Klüger wird man jetzt durch den Beitrag von *M. Hauke*, „Für viele vergossen" – Studie zur sinngetreuen Wiedergabe des *pro multis* in den Wandlungsworten: Forum Katholische Theologie 23 (2007) 1-47, der mir erst nach Abfassung dieser Nachschrift unmittelbar vor der Drucklegung zur Kenntnis kam, siehe dort S. 13 Anm. 42 die entsprechende Angabe der Quelle „in einer schwer zugänglichen Zeitschrift, welche die Positionen des Sedisvakantismus vertritt (wo es seit Pius XII. keinen wirklichen Papst mehr gibt)"; M. Hauke selbst bietet S. 12-32 weiteres wertvolles Ma-

terial zur Auslegung der Kirchenväter, zum Zeugnis der ältesten Liturgien, zur Lehrentwicklung im Mittelalter seit der Karolingerzeit, ihrer lehramtlichen Rezeption im *Catechismus Romanus* sowie zur katholischen Exegese der Neuzeit. In der Stellungnahme des *Catechismus Romanus* sieht er „die höchstrangige Äußerung des ordentlichen Lehramtes zu unserer Frage" (S. 30), die des „Katechismus der Katholischen Kirche" von 1993 (s.o.) kritisiert er (S. 35), ohne den Ortswechsel der jeweiligen Stellungnahme zu reflektieren: vom Kapitel zur *Eucharistie* im *Catechismus Romanus*, „wonach sich das Kelchwort auf die Auserwählten bezieht, auch wenn das Blut Christi dem Genügen nach für alle Menschen vergossen wurde" (S. 29), zum *christologischen Kapitel* über den Tod Jesu im „Katechismus der Katholischen Kirche". – Den wichtigen Beitrag von M. Zerwick (s.o. Anm. 11) erwähnt er zwar (S. 4 Anm. 11; S. 45: „der biedere Jesuitentheologe" [!]), wertet ihn aber nicht aus und gibt vor allem nicht zu erkennen, dass die von ihm selbst herangezogene Lizentiatsarbeit von F. Prosinger am Päpstlichen Bibelinstitut von 1991 (von Kardinal J. Ratzinger hochgeschätzt: ebd. 5 mit Anm. 16) mit ihrem Kontext-Argument nur wiederholt, was bereits M. Zerwick geschrieben hat (s.o. Anm. 13).

[43] PG 63,129. Ebenso die Hebr-Kommentare von Oikumenios (PG 119,384; vgl. auch PG 119,149 zu 1 Tim 2,4 und PG 119,296 zu Hebr 2,9) und Rhabanus Maurus (PL 112,779).

[44] Cyprian, *Liber de oratione Dominica* XVIII (PL 4,548; vgl. BKV 34,180).

[45] PL 26,150. Vgl. auch Hieronymus, *In Jes* zu 53,11 (PL 24,531). Zum Lösegeld-Wort im gleichen Sinn vgl. Fulgentius, *Sermones* 1,2 (CChr L 91A, 890); Beda Venerabilis, *In Mc* 10,45 (CChr L 120, 566).

[46] *In Luc*, Liber X Nr. 96 (PL 15,192f.); vgl. auch Nr. 97f.

[47] Remigius von Lyon, *Liber de tribus epistolis* XX *(De Christi morte pro solis fidelibus)* (PL 121,1021f.). Allerdings wird die Autorschaft des hl. Remigius, Erzbischofs von Lyon, inzwischen angezweifelt, vgl. R. Schieffer, Art. *Remigius von Lyon*, in: LThK3 8 (1999) 1097: „Die ihm zugeschriebenen theologischen Schriften (PL 121,985–1134) sind eher Florus von Lyon zuzuweisen."

[48] Thomas von Aquin, *Catena Aurea*, *In Mt*, cap. XXVI, Nr. 8 (das Zitat ist im oben zitierten Text des Remigius von Lyon nicht nachweisbar); vgl. auch *In Mc*, cap. IV, Nr. 6: „Qui pro multis effundetur. Hieronymus (ubi supra). Non enim omnes emundat."

[49] Ich danke meinem Assistenten, Herrn Dr. H.-M. Weidemann, für mancherlei Hilfen. Er hat abgelegene Literatur recherchiert und das Entstehen dieses Beitrags mit seinen mir wertvollen Anregungen begleitet.

Pro multis – für alle oder für viele?

von Albert Gerhards

Mit Datum vom 17. 11. 2006 sandte der Präfekt der Gottesdienstkongregation, Francis Kardinal Arinze, ein Schreiben
an die Vorsitzenden der Bischofskonferenzen der Welt, in
dem die Übersetzung der Worte „pro multis" im Einsetzungsbericht der Eucharistiegebete neu geregelt wird. Das
vom Papst angewiesene Schreiben legt fest, dass die Worte
„pro multis" in den Landessprachen fortan nur noch mit „für
viele" wiederzugeben seien. Alle abweichenden Übersetzungen im Sinne von „für alle", darunter auch die deutsche,
müssen bei nächster Gelegenheit geändert werden. Damit
werden die im Zuge der Approbation der volkssprachlichen
Messbücher in den siebziger Jahren gewährten Sonderrege-
lungen hinfällig. Dazu gehören neben den deutschen zum
Beispiel auch die italienischen, englischen, portugiesischen
und spanischen Übersetzungen, während die französische,
die die Kompromissformel „die Vielheit" (la multitude)
wählt, offenbar davon unberührt bleibt.

Als Begründung für die Neuregelung werden angeführt
der Überlieferungskonsens der lateinischen wie der orientalischen Traditionen, der biblische Befund (Mt 26,28; Mk
14,24) und die von den liturgischen Übersetzungen auf der
Linie der Instruktion „Liturgiam authenticam" (2001) gefor-
derte Textgenauigkeit. Zwar stimme die Aussage „für alle"
mit dem Glaubenssatz überein, dass Christus für alle gestorben sei, doch gehöre die offene Interpretation des „pro multis" in die Katechese. Nicht zuletzt wirke die eingeschränkte
Formulierung einem mechanischen Erlösungsverständnis

entgegen, als werde die Erlösung allen Menschen aufgezwungen, unabhängig von ihrer persönlichen Disposition.

Zunächst erscheint die Bestimmung, das „pro multis" wörtlich zu übersetzen angesichts der schon vor „Liturgiam authenticam" geltenden Bestimmungen bezüglich der Übersetzung der Konsekrationsworte, einsichtig.[1] Nach traditionellem katholischem Sakramentenverständnis kommt den sakramentalen Kernworten der höchste Stellenwert zu, was eine besondere Sorgfalt der Übersetzungen erfordert. Allerdings hat, wie schon angedeutet, dieselbe römische Autorität in den siebziger Jahren die vom Wortlaut abweichenden landessprachlichen Übersetzungen für gültig, das heißt normgerecht, erklärt und konfirmiert (das heißt die Approbation durch die Bischofskonferenzen bestätigt). Inzwischen liegt das Approbationsrecht wieder bei der römischen Autorität. Offenbar hat sich bei der Kongregation auch das Verständnis der Bezeichnungen „genau und wörtlich" (EDIL 3321) inzwischen geändert. Die Heftigkeit der Diskussion, die seit dem Bekanntwerden des Briefes entfacht ist, lässt darauf schließen, dass es hier um mehr als bloß um philologische Streitigkeiten geht. Im Folgenden soll versucht werden, die verschiedenen Ebenen der Argumentation zu differenzieren.

Die Entstehung und Diskussion der „neuen" Übersetzung

Zunächst ist nach der Entstehung der Übersetzungen „für alle" zu fragen. Dass man damit vom griechischen und lateinischen Wortlaut abwich, war den Verantwortlichen in den siebziger Jahren natürlich bewusst. Sie müssen also gute Gründe gehabt haben, an so sensibler Stelle, nämlich bei der Zitation der Herrenworte nach dem Zeugnis zweier Evangelien (Mt 26, 28; Mk 14, 24), vom überlieferten Text abzuweichen. Der damalige Liturgiesekretär der Deutschen

Bischofskonferenz, Prälat Johannes Wagner, nimmt in seinen Lebenserinnerungen auf die Auseinandersetzung um die richtige Übersetzung des „pro multis" Bezug. Allen war klar: „‚Viele' das sind ‚die Vielen', die ‚Gewöhnlichen', die ‚Plebs', ‚jedermann' und ‚jedefrau' auf der Straße, auf den Feldern oder im Busch, die Allgemeinheit der Menschheit".[2] So schlugen die deutschsprachigen Liturgischen Kommissionen den Bischofskonferenzen die Version „die vielen" vor, die sie auch approbierten. Vor der Eingabe zur Konfirmierung in Rom wurde jedoch die italienische interpretierende Übersetzung „per tutti" (für alle) genehmigt. Daraufhin änderten die deutschsprachigen Bischöfe den schon approbierten Text in „für alle" und reichten ihn in Rom ein, der nach einigem Hin und Her schließlich konfirmiert wurde (Angeblich hat der damalige Präfekt der Glaubenskongregation, Kardinal Seper, die von ihm verantwortete römische Bestätigung der freieren Übersetzungsvariante später bereut). Wagner verschweigt nicht, dass er persönlich sich mit der leicht interpretierenden Fassung „für die vielen" statt bloß „viele" durchaus hätte zufrieden geben können.

Aus heutiger Sicht wird man die Änderung der von den Bischöfen schon approbierten Fassung „die vielen" in „für alle" bedauern. Wäre man beim ursprünglichen Text geblieben, wäre uns die heutige Auseinandersetzung wohl erspart geblieben. Freilich ist nicht zu verkennen, dass „die vielen" theologische Binnensprache ist, die einer Interpretation bedarf. Es handelt sich hier um eine Anspielung auf Jes 53, 12: „Mein Knecht, der gerechte, macht die vielen gerecht; er lädt ihre Schuld auf sich." Doch werden Erklärungen in noch stärkerem Maß notwendig sein, wenn man demnächst die offene Formulierung „für alle" in „für viele" umändern sollte. Denn nach über dreißig Jahren hat man sich so an die offene Formulierung „für alle" gewöhnt, dass das einschränkende „für viele" exklusiv verstanden werden muss, als habe Jesus nicht für alle Menschen sein Blut vergossen. Offenbar wurde diese Anschauung zur Zeit der Liturgiereform vertreten, denn die Gottesdienstkongregation gab 1970 in ihrer Zeitschrift „Notitiae" eine offizielle Erklärung zum richtigen Verständnis des „pro multis" im Sinne von „für alle" heraus unter Bezug auf den Psalmenkommentar des Heiligen Augustinus (Enarrationes In Psalmos 95, n. 5): Das Blut Christi sei so kostbar, dass es alle Menschen und nicht bloß einen Teil der Menschheit loskaufen kann. Allerdings wird in der Erklärung der Gottesdienstkongregation auch an die Lehre des Römischen Katechismus erinnert, nach der zu unterscheiden sei zwischen der Suffizienz des Todes Christi für alle und der Wirksamkeit, die nur viele und nicht alle betreffe.[3]

Die bibeltheologische Begründung und ihr theologiegeschichtlicher Kontext

Die damalige Diskussion wurde fast ausschließlich auf der Basis der biblischen Mahlberichte geführt. Dabei stützte man sich weitgehend auf Arbeiten des evangelischen Exegeten Joachim Jeremias, dessen Forschungsergebnisse zu den Abendmahlsworten Jesu auch von katholischer Seite breit rezipiert wurden. Jeremias kam aufgrund seiner hypothetischen Rückübersetzung des griechischen Textes ins Hebräische bzw. Aramäische zu dem Schluss, dass aufgrund der in den semitischen Sprachen fehlenden Unterscheidungsmöglichkeit zwischen inklusivem und exklusivem Verständnis das „polloi" (viele) im Griechischen inklusiv, also im Sinne von „alle" verstanden werden müsse. Zuletzt hat sich noch Papst Johannes Paul II in seinem Gründonnerstagsbrief an die Priester aus dem Jahr 2005 dieses Argument zu Eigen gemacht. Der Abschnitt lautet in voller Länge:

   „»Hoc est enim corpus meum quod pro vobis tradetur.«

Der Leib und das Blut Christi sind hingegeben für das Heil des Menschen, des *ganzen* Menschen und *aller* Menschen. Dieses Heil ist *integral* und gleichzeitig *universal*, damit es keinen Menschen gibt, der – wenn nicht durch einen freien Akt der Ablehnung – von der Heilsmacht des Blutes Christi ausgeschlossen bliebe: »*qui pro vobis et pro multis effundetur*«. Es handelt sich um ein Opfer, das für »viele« hingegeben wird, wie der biblische Text (Mk 14, 24; Mt 26, 28; vgl. Jes 53, 11–12) in einer typisch semitischen Ausdrucksweise sagt. Während diese die große Schar bezeichnet, zu der das Heil gelangt, das der eine Christus gewirkt hat, schließt sie zugleich *die Gesamtheit der Menschen* ein, der es dargeboten wird: Es ist das Blut, »*das für euch und für alle vergossen wird*«, wie einige Übersetzungen legitim deutlich machen. Das Fleisch Christi ist in der Tat hingegeben »für das Leben der Welt« (Joh 6, 51; vgl. 1Joh 2, 2)" (Nr. 4).

Was 2005 nach päpstlicher Einschätzung noch als legitim galt, warum darf es das 2006 nicht mehr sein? Nun geht es hier nicht um die Bewertung der philologischen Argumente Joachim Jeremias', die heute durchaus nicht mehr unumstritten sind. Der Neutestamentler Thomas Söding hat dies in seinem Beitrag eingeräumt, ohne jedoch die Berechtigung der interpretierenden Übersetzung „für alle" in Zweifel zu ziehen.[4] Hier kann es nicht darum gehen, zum Schulstreit zwischen einer streng philologisch orientierten und einer bibeltheologisch inspirierten Exegese Stellung zu nehmen. Dass diese Entgegensetzung wenig hilfreich ist, lässt sich an der Stelle Jes 53, 12 ablesen. Deren intertextueller Bezug zum Kelchwort ergibt sich kaum aus dem Wortmaterial, wohl aber aus dem Gesamt der Passionsüberlieferung, in der das Gottesknechts- und Sühnemotiv eine Schlüsselrolle spielt. Die Exegeten stimmen darin überein, dass mit der Formulierung „die Vielen" eine Gesamtheit gemeint ist. Strittig bleibt, ob Jesaja zunächst nur ganz Israel, oder doch schon die ganze

Menschheit im Blick hat. Daraus lässt sich folgern, dass die Interpretation des „pro multis" im Sinne einer Begrenzung des Heilswillens Gottes auszuschließen ist. Darauf weist auch das hier zur Debatte stehende römische Dokument wiederholt hin. So aber möchten manche Kreise, die gegen die offene Interpretation „für alle" opponieren, das „pro multis" verstanden wissen. Offenbar gibt es eine Phobie gegenüber dem Gedanken der „Allerlösung" (Apokatastasis), weil man damit die Freiheit der persönlichen Glaubensentscheidung eliminiert sieht. Diese Sorge steht auch hinter dem römischen Schreiben, wenn darauf hingewiesen wird, dass die Erlösung „nicht auf eine mechanische Art und Weise – ohne die Einwilligung oder Teilnahme der Einzelnen – geschieht. Der Gläubige ist vielmehr eingeladen, das Geschenk, das ihm angeboten wird, gläubig anzunehmen und das übernatürliche Leben zu empfangen, das denen gegeben ist, die an diesem Geheimnis teilnehmen und die auch davon in ihrem Leben Zeugnis geben, so dass sie unter die ‚vielen' – auf die sich der Text bezieht – gerechnet werden"[5].

Die Schwebe zwischen Heilsgewissheit und Höllenangst zu halten ist ein beständiges Problem des Christentums und war bekanntlich eines der auslösenden Momente der Reformation. Hier standen katholischer Sakramentalismus und calvinistische Prädestinationslehre unversöhnlich einander gegenüber. Im 17. Jahrhundert lebte der Streit in der katholischen Kirche im Zusammenhang mit dem Jansenismus wieder auf. Im Pariser Kloster von Port Royal und seinen Derivaten wirkte sich die Angst vor der ewigen Verdammung in einem geradezu unmenschlichen moralischen Rigorismus aus. Demgegenüber vertrat das Zweite Vatikanische Konzil in unterschiedlichen Kontexten einen christologisch wohl begründeten Heilsoptimismus, zum Beispiel im Dekret über die Missionstätigkeit der Kirche „Ad gentes" Nr. 3, wo es unter Bezugnahme auf Mk 10, 45 heißt: „Der Menschensohn ist nicht gekommen, um sich bedienen zu lassen, sondern um selbst zu dienen und sein Leben zu geben als Lösegeld für viele, das heißt für alle." Warum auch diese weite Interpretation des „pro multis" in den Augen konservativer Kreise anstößig ist, bleibt deren Geheimnis. Was für ein Gottesbild wird hier propagiert, das den Menschen zum Spielball absolutistischer Willkür eines „Dieu spectateur" macht?

Der liturgiegeschichtliche Zusammenhang

Ein gewichtiges liturgiehistorisches Argument des römischen Schreibens muss jedoch noch näher beleuchtet werden. Das Dokument stellt fest, dass auch in den orientalischen Anaphoren (Hochgebeten) stets „für viele" und niemals „für alle" stehe. Hier ist zunächst einschränkend festzustellen, dass die ältesten bekannten Texte, insbesondere die so genannte Traditio Apostolica sowie die ältere ägyptische Tradition, das „für viele" nicht kennen. Hier steht lediglich „für euch", während „für viele" in der syrischen Tradition verbreitet ist. Die späteren Texte etwa der byzantinischen und der römischen Liturgie verbinden beide Stränge. Diese verwirrende Vielfalt hängt damit zusammen, dass kein eucharistisches Hochgebet vor der Reformation eine der vier biblischen Vorlagen wörtlich zitiert. Vielmehr handelt es sich um eigenständige liturgische Traditionen, die sekundär in der Art der Evangelienharmonien an die biblischen Mahlberichte angeglichen worden sind. Erst die Reformation geht hier eigene Wege: Während Martin Luthers lateinische „Formula missae" von 1523 noch den (verkürzten) Einsetzungsbericht des römischen Kanons mit dem „pro multis" vorsieht, findet man diese Formulierung in der Deutschen Messe von 1525/26 nicht mehr. Nun wird die paulinische Fassung (1 Kor 11, 23–26) zum Leittext, der allein das „für euch" kennt. Dies hängt auch mit dem Charakter der lutherischen Einsetzungsworte als Spendeformel zusammen, „denn eine Wirksamkeit über den Kreis der Kommunikanten hinaus zu behaupten, wäre für Lutheraner zumindest missverständlich".[6] Die Anglikaner haben dagegen an der römischen Tradition mit der Formulierung „pro multis" festgehalten.

In diesem Zusammenhang muss ein Faktum in Erinnerung gerufen werden, das die ganze derzeitige Diskussion entschärft. Sie beruht ja auf der abendländischen Isolierung der Einsetzungsworte vom Gesamtzusammenhang des Hochgebetes und deren alleinige Definition als forma sacramenti. Es wurde übersehen, dass die Einsetzungsworte Bestandteil des großen Gebetsgestus von Lobpreis, Dank und Bitte sind, in dem alles auf Gottes Heilshandeln propter nostram salutem zurückgeführt wird. Die magischen Missverständnisse dieser Abstraktion sind bekannt. Die Vergleichende Liturgiewissenschaft des 20. Jahrhunderts hat demgegenüber nicht nur die Bedeutung des Hochgebetes als Ganzes mit seiner anamnetisch-epikletischen, das heißt preisend-vergegenwärtigenden und bittenden Doppelstruktur erwiesen, sondern auch die Existenz und Valenz einer Tradition eucharistischen Betens herausgestellt, die ohne die Zitation der Abendmahlsworte Jesu auskommt. Sie ist in der altkirchlichen ostsyrischen Anaphora der Apostel Addai und Mari greifbar. Auf Veranlassung des jetzigen Papstes wurde die Gleichrangigkeit dieser Tradition mit der römischen im Jahr 2001 kirchlich anerkannt. Damit wird die Diskussion um die rechte Übersetzung des „pro multis" erheblich entlastet und die im römischen Dokument anklingende Frage nach der „Gültigkeit" von Messfeiern, in denen die Version „für alle" verwendet wird, als obsolet erwiesen. Die beruhigende Versicherung, mit der abweichenden Formulierung „für alle" würde die Gültigkeit der Messe nicht tangiert, geht offensichtlich an die Adresse der Kritiker der offenen Formulierung.

Dass das Verständnis des „pro multis" im Sinne von „für alle" durch die Tradition der römischen Liturgie selbst gestützt wird, zeigt der Einschub in den Einsetzungsbericht während der Abendmahlsmesse am Gründonnerstag, wie er seit der ältesten Überlieferung römischer Liturgie bis heute üblich ist: „Am Abend, bevor er für unser Heil und das Heil *aller Menschen* das Leiden auf sich nahm".[7] Merkwürdigerweise hat man dieses Argument in den bisherigen Diskussionen um das rechte Verständnis des „pro multis" kaum in Betracht gezogen. Es handelt sich hier um eine authentische Interpretation aus dem Inneren der Liturgie selbst, die prägnanter ist als katechetische Erklärungen im Vorfeld der Liturgie oder im Nachhinein.

Fazit

Das Schreiben der Kongregation räumt durchaus ein, dass die abweichenden Formulierungen mit dem Gemeinten übereinstimmen, also dessen Sinn treffen.

Dennoch will man die Verständlichkeit des Textes (das heißt die Verdeutlichung des im „pro multis" gemeinten Heilsuniversalismus) der Treue zum Wortlaut unterordnen. Das kann man mit guten Gründen tun, nur muss man sich über mögliche Konsequenzen im Klaren sein. Kann man philologische Korrektheit gegen das eigentlich Gemeinte angemessen vermitteln, ohne größere Verwirrung anzurichten? Da mag das „Hilfsangebot" der Priesterbruderschaft St. Pius X. an die deutschen Bischöfe vom 22.11.2006 gerade recht kommen… Es bleibt zu hoffen, dass man im Zusammenhang mit der in einigen Jahren anstehenden Approbation des erneuerten deutschen Messbuchs einen Weg findet, der nicht zu neuen Irritationen führt. Die Beibehaltung des jetzigen Wortlautes wäre nicht die schlechteste Lösung.

Anmerkungen

[1] Vgl. in der Dokumentensammlung der Liturgiereform, das Enchiridion Documentorum Instaurationis Liturgicae [EDIL], die Nummern 1198, 3218, 3321; die Nummern sind identisch mit der deutschen Ausgabe: Rennings – Klöckener, Dokumente zur Erneuerung der Liturgie I.

[2] J. Wagner, *Mein Weg zur Liturgiereform. Erinnerungen*, Freiburg 1993, 289.

[3] Not 6.1970, 39.

[4] In diesem Band, 17–27.

[5] Vgl. den Brief von Francis Kardinal Arinze, in diesem Band, 13.

[6] Friederich Lurz, *Die Feier des Abendmahls nach der Kurpfälzischen Kirchenordnung von 1563*, Stuttgart 1998, 154.

[7] Pro nostra *omniumque* salute: Sacramentarium Gregorianum Hadrianum, Ed. Deshusses 332.

„Für die vielen"

Der Sinn des Kelchwortes der römischen Messe

von Helmut Hoping

1. Der Kontext der römischen Entscheidung

Ein Schreiben des Präfekten der Kongregation für den Gottesdienst und die Sakramentenordnung sorgt seit Bekanntwerden für einige Aufregung. In dem vom 17. Oktober 2006 datierten Schreiben teilte Francis Kardinal Arinze den Vorsitzenden aller Bischofskonferenzen mit, dass auf Weisung von Papst Benedikt XVI. in allen volkssprachigen Ausgaben des römischen Messbuchs in Zukunft das *pro multis* des Kelchwortes mit einem wörtlichen Äquivalent wiederzugeben ist, im Deutschen also mit „für viele" oder „für die vielen".[1] Bei der Diskussion um das Kelchwort der römischen Messe geht es nicht nur um die Frage der korrekten philologischen Übersetzung. Dahinter verbirgt sich eine theologische Sachfrage, die nicht einfach pragmatisch entschieden werden kann.

Das Schreiben von Kardinal Arinze steht im Kontext des laufenden Revisionsprozesses der volkssprachigen Messbuchausgaben. Die Revision erfolgt auf der Grundlage der im Jahre 2002 erschienenen Editio typica tertia des „Missale Romanum"[2] nach den Normen der 2001 erlassenen Übersetzerinstruktion „Liturgiam authenticam"[3]. Zur Koordinierung wurde für den deutschen Sprachraum von der Kongregation für den Gottesdienst und die Sakramentenordnung die vatikanische Kommission „Ecclesia Celebrans" errichtet, die vom Kölner Erzbischof, Joachim Kardinal Meisner, präsidiert wird. Die Revision geschieht in Zusammenarbeit von Bischöfen und wissenschaftlichen Experten.

Die Übersetzerinstruktion „Liturgiam authenticam" fordert, den liturgischen Originaltext „fideliter et accurate" bzw. „integerrime et peraccurate", also getreu und genau, in die Volkssprache zu übertragen.[4] Das Prinzip der Texttreue und der sprachlichen Sorgfalt gilt für alle Texte des Messbuchs, auch und vor allem für die Mitte der Messfeier, das Eucharistische Hochgebet mit den Einsetzungsworten. Diese werden in der westlichen Lehrtradition als Konsekrations- bzw. Wandlungsworte verstanden. Dabei handelt es sich nicht nur um eine seit dem Mittelalter vertretene schultheologische Auffassung, sondern um definierte Glaubenslehre.[5]

Papst Paul VI. hatte die lateinischen Einsetzungsworte für die Hochgebete der Editio Typica des „Missale Romanum" von 1970 einheitlich festgelegt, ohne sie in ihrer Substanz zu verändern. Ausschließlich der Papst hat auch die Kompetenz, die Einsetzungsworte und ihre volkssprachige Übersetzung festzulegen.[6] Dem Brotwort „Hoc est enim corpus meum" („Das ist mein Leib) wurde, wie von liturgiewissenschaftlicher Seite vielfach gewünscht, die Ergänzung „quod pro vobis tradetur" („der für euch hingegeben wird") hinzugefügt. Eine Angleichung an das *pro multis* (für viele bzw. für die vielen) des Kelchwortes erfolgte nicht. Beim Kelchwort hat man das schwierig zu deutende „Mysterium fidei" ausgegliedert und als liturgischen Ruf an den Schluss der Einsetzungsworte gesetzt. In der deutschen Messbuchausgabe wird das *pro multis* derzeit mit „für alle" wiedergegeben: „Das ist der Kelch des neuen und ewigen Bundes, mein Blut, das für euch und *für alle* vergossen wird zur Vergebung der Sünden." In Zukunft wird es nicht mehr „für alle", sondern „für viele" oder „für die vielen" heißen.

Das Schreiben von Kardinal Arinze wurde in manchen Kreisen als Bestätigung für eine Annäherung von Benedikt XVI.

an die Traditionalisten interpretiert, von denen seit Jahren eine wörtliche Übersetzung des *pro multis* eingefordert wird. So war die Aufregung teilweise groß. Eine Reihe von Theologen hat sich gegen die Entscheidung des Papstes dafür ausgesprochen, die Übersetzung „für alle" im Kelchwort der Messe beizubehalten.[7] Überzeugend sind die dafür vorgebrachten Argumente nach meinem Dafürhalten nicht. Vielmehr sprechen zahlreiche Gründe für die Entscheidung des Papstes.[8]

2. Philologische und exegetische Aspekte

Zunächst ist die Übersetzung von *pro multis* mit „für alle" schon rein philologisch gesehen falsch, da *multi* zwar gelegentlich die zahlreiche Menge meinen kann, nicht aber „alle". Dies haben Anselm Schott und Urbanus Bomm noch respektiert. Die beiden Benediktiner, denen wir die Volksmessbücher verdanken, die bis zur Liturgiereform bei den Gläubigen vielfach in Gebrauch waren, übersetzten das *pro multis* des Kelchwortes sprachlich korrekt mit „für viele".[9] In der von den Bischöfen Deutschlands, Österreichs, der Schweiz und Luxemburg 1967 approbierten und noch im selben Jahr vom Heiligen Stuhl konfirmierten Übersetzung des „Canon Romanus" (1. Hochgebet) wird das *pro multis* mit „für die vielen" übersetzt, was sprachlich möglich ist, da das Lateinische anders als das Deutsche keinen Artikel kennt. Schon die 1969 vorab veröffentlichte Übersetzung der neuen Hochgebete hat im Kelchwort aber nicht mehr „für die vielen", sondern „für alle".[10] Die deutschsprachigen Bischöfe folgten hier den italienischen Bischöfen, die dafür plädierten, das *pro multis* mit „per tutti" (für alle) wiederzugeben.[11] So kam schließlich das „für alle" in die offizielle deutsche Messbuchausgabe.[12]

Dass die Messen, in denen vom Priester das Kelchwort mit dem „für alle" gesprochen wird, ungültig seien, wird von Kardinal Arinze gegenüber den Traditionalisten ausdrücklich zurückgewiesen.[13] Denn es gehört zum Kern der biblischen Verkündigung (1 Tim 2,6; vgl. 2 Kor 5,15), dass Jesus für alle sein Leben dahingegeben hat. Diese Glaubenswahrheit war auch der entscheidende Grund, warum es schließlich zum „für alle" kam: Man wollte im Kelchwort die universale Heilsbedeutsamkeit des Sterbens Jesu herausstellen. Dabei berücksichtigte man aber wohl zu wenig, dass das Kelchwort in einem kultischen Kontext steht. Sicherlich hat Paul VI. in gutem Glauben die Übersetzung „für alle" affirmiert. Doch klug war diese Entscheidung nach meinem Urteil nicht. Denn nun gab es das Kelchwort in den volkssprachigen Messbüchern mit „für viele" (zum Beispiel russisch, polnisch, schwedisch), mit „für die vielen/für die Menge" (zum Beispiel französisch, norwegisch) und mit „für alle" (zum Beispiel italienisch, englisch, spanisch, deutsch).

Schwerer wiegt die Tatsache, dass keine einzige der biblischen Fassungen des Kelchwortes Jesu „für alle" hat.[14] Nach Lukas reichte Jesus seinen Jünger den Kelch mit den Worten: „Dieser Kelch ist der Neue Bund in meinem Blut, das für euch *(hyper hymōn)* vergossen wird" (Lk 22,20), nach Matthäus und Markus mit den Worten „für viele" – so die sprachlich korrekte Übersetzung von *hyper* bzw. *peri pollōn* (Mt 26,28; Mk 14,24) in Lutherbibel und Einheitsübersetzung. Paulus hat wie Lukas „für euch", allerdings nur in Verbindung mit dem Brotwort (1 Kor 11,24f). Die *Verba Testamenti*, die der Priester bei der Messe spricht, sind ein Mischtext aus vorbiblischen Überlieferungen, die sich literarisch in den neutestamentlichen Abendmahlsberichten niedergeschlagen haben. Sie gelten als Worte des Herrn.

Für die Übersetzung der Einsetzungsworte der römischen Messe ist neben dem griechischen Urtext des Neuen Testamentes auch die lateinische Vulgata normierend. Konsul-

tiert man nun allerdings die von Johannes Paul II. approbierte „Nova Vulgata" (eine Übersetzung aus den Urtexten
in Anlehnung an Vulgata-Handschriften und das Latein des
4/5. Jahrhunderts), so stellt man eine zunächst kaum merk-
liche Differenz fest: Im Kelchwort der Messe heißt es „pro
multis effundetur" (Futur), die „Nova Vulgata" hat demgegenüber, „pro multis effunditur" (Präsens). Die Differenz
erklärt sich dadurch, dass die Mehrheit der Vulgata-Handschriften das griechische Partizip Präsens *ekchynnomenon*,
das nicht nur „vergossen", sondern auch „ausgegossen"
bedeuten kann, mit „effundetur" (vergossen werden wird)
wiedergibt, die Kodizes der „Vetus Latina" allerdings präsentisch mit „effunditur" („vergossen wird"), was näher
am griechischen Urtext ist. Denn dieser hat den mit dem
Blut Christi gefüllten Kelch im Blick, der den Jüngern beim
Abendmahl gereicht wird.

Das Messbuch von Johannes Paul II. hat beim *effundetur* des
Kelchwortes keine Änderungen vorgenommen. Schon Schott
und Bomm hatten freilich, dem griechischen Urtext folgend,
effundetur nicht futurisch, sondern präsentisch übersetzt.
Darin ist ihnen die deutsche Messbuchausgabe von 1975 ge-
folgt, nicht dagegen beim *pro multis*. Eine wichtige Rolle für
die Entscheidung, das *pro multis* im Kelchwort der römischen
Messe mit „für alle" wiederzugeben, spielte die These des
evangelischen Neutestamentlers Joachim Jeremias, wonach
es sich bei der Formel *hyper* bzw. *peri pollōn* um einen Semitismus handelt: Da das Aramäische kein adäquates Wort für
„alle" habe, meine „für viele" soviel wie „für alle". Doch diese These findet in der exegetischen Literatur immer weniger
Zustimmung, ja sie kann als widerlegt gelten.[15]

Wie im Hebräischen kann man auch im Aramäischen zwischen „viele" *(rabim/sagî)* und „alle" *(kol, kûl)* unterscheiden, ebenso im Griechischen. Von daher stellt sich die Frage, warum Matthäus und Markus „für viele" wählten, wo

sprachlich „für alle" *(peri pantōn)* möglich gewesen wäre. „Für viele" bezieht sich auf „die vielen"(*ha-rabim;* Septuaginta: *pollois* ohne Artikel) in Jes 53,11f. Diese stehen für „ganz Israel" in seiner Sendung für die Völker. Zwar ist diese Interpretation nicht unwidersprochen geblieben, doch kann hinsichtlich des letzten Abendmahles gar kein Zweifel daran bestehen, dass Jesus, als er den Jüngern den Kelch reichte, nicht nur auf sein bevorstehendes Sterben hinweisen wollte.

Die Zwölf, die aus dem Kelch trinken, repräsentieren Israel, den primären Adressaten der Sendung Jesu.[16] Zugleich stehen sie für die zukünftige Kirche. Das *ekchynnomenon* des griechischen Urtextes bezieht sich auf den Kelch mit dem Bundesblut, aus dem die Jünger trinken, wie vor allem Lukas deutlich macht. Von liturgiewissenschaftlicher Seite ist darauf schon von Joseph Pascher hingewiesen worden.[17] Das letzte Abendmahl Jesu war eine kultische Mahlfeier mit dem engsten Jüngerkreis, auch wenn offen bleiben muss, ob es sich dabei nun um ein Pesachmahl oder eine Art Dankopferfeier in der Nähe zum Pesachfest gehandelt hat. Das letzte Abendmahl war also von anderer Art als die Sündermähler Jesu. Auch bei der urchristlichen Eucharistiefeier wird das gebrochene Brot und der gesegnete Kelch nicht allen gereicht, sondern nur denen, die mit Christus in dem einen Leib verbunden sind (1 Kor 10,16–18). Der kultische Kontext des Kelchwortes wird bei der Diskussion um seine Übersetzung zumeist übersehen. Deutlich wird dies auch bei der Frage der Allversöhnung, die manche Autoren mit dem Kelchwort der Messe verbinden.

3. Die Frage der Allversöhnung und die katholische Lehrtradition

Die Übersetzung des *pro multis* wird zumeist damit begründet, dass alle Menschen in den Neuen Bund, den Gott in Christus gestiftet hat, gerufen sind. In der Tat sind alle Menschen zum neuen Volk Gottes berufen, da Jesus für alle Menschen sein Leben dahingegeben hat. Dies wird auch vom 2. Vatikanischen Konzil gelehrt.[18] Schon im 17. Jahrhundert war es in Abgrenzung von den Jansenisten nötig gewesen, die Auffassung, Jesus sei nicht für alle Menschen gestorben, als Häresie zu verwerfen. Am 8. November 1949 verurteilte das Heilige Offizium, die spätere Kongregation für die katholische Glaubenslehre, den rigoristischen Heilsexklusivismus, wonach alle Menschen – ausgenommen Katholiken und Katechumenen – vom ewigen Heil ausgeschlossen sind. Einer der Rigoristen, Leonard Feeney, wurde am 4. Februar 1953 exkommuniziert.[19]

Damit waren die Aussagen des 2. Vatikanischen Konzils vom universalen Heilswillen Gottes und der Heilsmöglichkeit für Menschen außerhalb der christlichen Religion vorbereitet. Wenn das 2. Vatikanische Konzil erklärt, alle Menschen, auch jene, die Christus noch nicht kennen, könnten das ewige Heil erlangen[20], wollte es damit nicht die reale Möglichkeit bestreiten, dass Menschen sich für immer der Liebe Gottes verweigern. Denn das im Kreuz Christi und seiner Auferstehung begründete Heil muss der Mensch sich schenken lassen. Dürfen wir aber nicht für alle hoffen, da es doch Gottes Wille ist, dass alle gerettet werden (1 Tim 2,4)? Die Hoffnung, dass am Ende alle am messianischen Bund teilhaben werden, ist theologisch ganz legitim. Doch wie es am Ende ausgeht, wissen wir nicht, deshalb bleibt uns nur die Hoffnung. „Die vielen" können am Ende, beim himmlischen Hochzeitsmahl, alle sein, müssen es aber nicht. Belehrt durch das 20. Jahrhundert über die Abgründe des Bösen im Menschen, kommen wir mit einem Heilsoptimismus, der es gleichsam für ausgemacht hält, dass am Ende alle gerettet werden, auch theologisch nicht mehr durch. Ob in der Vollendung des Reiches Gottes schließlich alle von der Frucht des Weinstocks trinken werden oder nicht (vgl. Mk 14,25), müssen wir offen lassen.

Eine wörtliche Übersetzung des *pro multis* mit „für viele" oder „für die vielen" ist nicht nur schriftgemäß. Sie entspricht auch der kirchlichen Lehrtradition, in der das *pro multis* niemals im Sinne von *pro omnibus* (für alle) verstanden wurde. Dafür ließe sich eine Reihe von Zeugen anführen, darunter Hieronymus, dem wir die lateinische Bibelübersetzung der Vulgata verdanken, Johannes Chrysostomus und Thomas von Aquin. Anstatt dies durch einzelne Zitate zu belegen, begnüge ich mit dem Hinweis auf den „Catechismus Romanus" (1566/1567), der die einhellige Lehrtradition zum Verständnis des Kelchwortes der Messe so zusammenfasst:

„Jene Worte, welche beigefügt sind, *für euch und für viele*, sind aus Mt, teils aus Lk genommen, von der heiligen Kirche aber, welche vom Heiligen Geist belehrt ist, verbunden worden und dienen dazu, um die Frucht und den Nutzen des Leidens zu verdeutlichen. Denn wenn wir die Kraft desselben betrachten, so muss man sagen, dass der Heiland sein Blut für das Heil aller vergossen hat; wenn wir aber die Frucht, welche die Menschen daraus ziehen, im Auge haben, werden wir leicht einsehen, dass dessen Nutzen nicht allen, sondern nur vielen zuteil wird."[21] Zwar begegnet diese Unterscheidung im „Catechismus Romanus" noch in Verbindung mit heilsexklusivistischem Denken, ist daran aber nicht gebunden, wie der „Katechismus der Katholischen Kirche" (1993) zeigt, der von einer heilsuniversalen Sicht geprägt ist. Dennoch bezieht der neue römische Katechismus das Kelchwort auf die Jünger Jesu und die Eucharistie feiernde Gemeinde.[22] Er folgt damit dem stärker liturgisch geprägten Kelchwort Lk 22,20 („Dieser Kelch ist der Neue Bund in meinem Blut, das für euch vergossen wird") und dem von der „Traditio Apostolica" überlieferten Kelchwort („Das ist mein Blut, welches für euch vergossen wird")[23].

Der Bonner Liturgiewissenschaftler Albert Gerhards[24] verweist für die bestehende Übersetzung des *pro multis* mit „für alle" auf den Einschub in den Einsetzungsbericht der Abendmahlsmesse am Gründonnerstag: „Am Abend, bevor er für unser Heil und das Heil aller Menschen das Leiden auf sich nahm" (pro nostra omniumque salute)".[25] Zwar ist der Einschub alt, doch bezieht er sich nicht, wie das Kelchwort der Messe, auf das den Jüngern gereichte Bundesblut, sondern auf das Sterben Christi am Kreuz. Ebenso wenig wie der Einschub der Abendmahlsmesse am Gründonnerstag eignet sich als Argument gegen eine wörtliche Übersetzung des *pro multis* der letzte Gründdonnerstagbrief (2005) von Johannes Paul II. kurz vor seinem Tod.[26] Zwar interpretiert der Papst hier das „für viele" im Sinne von „für alle".[27] Doch gegenüber der Lehrtradition der katholischen Kirche ist das jährlich wiederkehrende päpstliche Gründonnerstagsschreiben eindeutig von nachrangiger Bedeutung. In der Enzyklika „Ecclesia de Eucharistia" von Johannes Paul II. findet sich die Interpretation des „pro multis" im Sinne von „für alle" nicht.[28]

4. Die liturgischen Traditionen der christlichen Kirchen

Die Eucharistie, so sagt es Thomas von Aquin treffend, ist ein Zeichen der Freundschaft *(signum amicitiae)* mit denen, die zum Glauben an Christus gekommen sind. Das sind nun in der Tat viele, ja nach fast zweitausend Jahren Christentum sind es sogar sehr viele. Die Eucharistie wird aber nicht allen gereicht, sondern nur jenen, die mit Christus in seiner Kirche verbunden sind. Deshalb ist es missverständlich zu sagen, dass die Kirche die Eucharistie „für alle" feiert. So beziehen sich die Interzessionen (Bitten) des eucharistischen Hochgebetes nicht unterschiedslos auf alle, Lebende und Toten, Glaubende wie Nichtglaubende, sondern auf alle Glaubenden oder in „Christus Entschlafenen".[29] Dagegen formuliert das Allgemeine Gebet der Gläubigen nach dem Credo die Anliegen der Welt und der Kirche; auch in den großen Fürbitten am Karfreitag wird für alle Lebenden gebetet. Bei den Verstorbenen gilt, dass die Eucharistie „für die in Christus gestorbenen Gläubigen"[30] dargebracht wird.[31]

Alle großen orientalischen Riten, ob aramäisch, armenisch, griechisch oder slawisch, haben im Kelchwort „für viele", ebenso das „Book of Common Prayer" der Anglikaner und das Messbuch der amerikanischen Methodisten. Auch die deutschen Altkatholiken hatten zunächst „für viele", übernahmen aber später von den römischen Katholiken des deutschen Sprachraums „für alle". Für die evangelischen Kirchen wurde zum einen Martin Luthers deutsche Messe (1526), zum anderen sein lateinisches Messformular (1523) maßgebend. Während Luther im lateinischen Messformel noch am „pro vobis et pro multis" der römischen Messe festhielt, ließ er das „für viele" in der deutschen Messe fallen und bezog das Kelchwort, dem Evangelisten Lukas folgend, auf die Abendmahl feiernde Gemeinde. Die Praxis in den evangelischen Landeskirchen in Deutschland ist unterschiedlich. Während es im „Evangelisches Gesangbuch" für die Landeskirche in Württemberg[32] im Kelchwort „für euch und für viele" heißt, haben das „Evangelische Gesangbuch" für die Landeskirche in Baden[33] und das „Evangelische Gottesdiensthandbuch" der Evangelischen Kirche der Union und der VELKD[34] im Kelchwort nur „für euch". Keine evangelische Kirche hat meines Wissens „für alle". Aus ökumenischen Gründen kann man deshalb die Entscheidung Roms, zu einer wörtlichen Übersetzung des *pro multis* zurückzukehren, nur begrüßen.[35]

5. Widersprüche, pastorale Bedenken und die Aufgabe der Katechese

Bei der anstehenden Revision der Einheitsübersetzung des Neuen Testamentes wird man sich mit Verweis auf das Prinzip der sprachlichen Sorgfalt wohl dafür entscheiden, das *peri/hyper pollōn* in dem von Mt und Mk überlieferten Kelchwort weiterhin wörtlich mit „für viele" zu übersetzen. Warum das Prinzip der sprachlichen Sorgfalt bei der Übersetzung des Kelchwortes der Messe nicht gelten soll, ist nicht nachzuvollziehen, zumal das Kelchwort der Messe die Schrift zitiert, und zwar nach der vom Konzil von Trient für authentisch erklärten lateinischen Bibelübersetzung der Vulgata. Wenn jetzt Theologen, die ansonsten sehr viel Wert auf philologische und historische Genauigkeit legen, dafür plädieren, es doch bei der bestehenden Übersetzung des Kelchwortes zu belassen, ist das schon einigermaßen erstaunlich.

Sich für eine sprachlich korrekte Übersetzung des *pro multis* auszusprechen, hat nichts mit philologischem Rigorismus zu tun, sondern mit Respekt vor der Sprachrealität, an der es die bestehende deutsche Messbuchausgabe leider zuweilen fehlen lässt. Natürlich gibt es Fälle, in denen eine wörtliche Übersetzung nicht möglich ist. Die Einsetzungsworte der Messe kann man aber sprachlich präzise übersetzen und sollte es um der Treue zum Text und um der Einheitlichkeit der volkssprachigen Messbuchausgaben willen auch tun. Dafür hat sich jetzt auch der neue Bischof von Eichstätt, Manfred Hanke OSB, ausgesprochen.

Wer mit der Eucharistietheologie von Benedikt XVI. vertraut ist, für den kam seine Entscheidung in der Frage des *pro multis* nicht wirklich überraschend.[36] Gegenüber den angeführten philologischen, dogmatischen, liturgietheologischen und ökumenischen Argumenten für eine wörtliche

Wiedergabe des *pro multis* müssen pastoralpragmatische Bedenken meines Erachtens zurückstehen. Es ist wenig überzeugend, für die Beibehaltung der bestehenden Übersetzung damit zu argumentieren, dass sich die Gläubigen daran inzwischen gewöhnt hätten und eine Änderung von daher schwierig sei. Da wenig dafür spricht, dass der Papst seine Entscheidung noch einmal korrigiert, sollte man jetzt daran gehen, den Gläubigen den Sinn des Kelchwortes der römischen Messe zu erklären. In der Katechese müsste deutlich gemacht werden, dass Jesus für alle am Kreuz gestorben ist, der Kelch des Heils aber, wie das Brot des Lebens, nicht allen gereicht wird, sondern nur denen, die mit Christus durch Glaube und Taufe verbunden sind.

Doch wie soll man nun das *pro multis* übersetzen: mit „für viele" oder mit „für die vielen"? Beides, so erklärt Kardinal Arinze in seinem Schreiben, sei möglich. „Für viele" entspricht dem artikellosen *polloi* des biblischen Urtextes. Die seinerzeit von den Bischöfen des deutschen Sprachraums approbierte und von Rom konfirmierte Übersetzung „für die vielen" hat demgegenüber den Vorteil, dass sie Jes 53,11f anklingen lässt und die Weite, die im Kelchwort Jesu angezielt ist, sehr gut zum Ausdruck bringt. Die Übersetzung „für die vielen" dürfte deshalb der Übersetzung „für viele" vorzuziehen sein.

Anmerkungen

[1] Vgl. Congregatio de cultu divino et disciplina sacramentorum, Litterae circulares, Roma 17 octobre 2006, in: Notitiae Sept./Oct. 2006, Prot. N. 467/05/L, 441–443(ital.); 453–455 (abgedruckt in diesem Band 11–13).

[2] Vgl. *Missale Romanum*. Ex decreto Sacrosancti Oecumenici Concilii Vaticani II instauratum/auctoritate Pauli PP. VI promulgatum Ioannis Pauli PP. II cura recognitum. Editio typica tertia, Città del Vaticano 2002.

[3] Vgl. Kongregation für den Gottesdienst und die Sakramentenordnung, *Der Gebrauch der Volkssprache bei der Herausgabe der Bücher*

der römischen Liturgie. Liturgiam authenticam. Fünfte Instruktion „zur ordnungsgemäßen Ausführung der Konstitution des Zweiten Vatikanischen Konzils über die heilige Liturgie", März 2001 (Verlautbarungen des Apostolischen Stuhles 154).

[4] Vgl. ebd., 20.

[5] Vgl. DH 1321: „Forma huius sacramenti sunt verba Salvatoris, quibus hoc confecit sacramentum." Siehe auch DH 1642.

[6] Vgl. Sacra Congregatio pro Doctrina Fidei, Delcaratio de sensu tribuendo adprobationi versionum formularum sacramentalium (25.1.1974), in: AAS 66 (1974) 661.

[7] Vgl. Thomas Söding, Für euch – für viele – für alle. Für wen feiert die Kirche Eucharistie? Zur Diskussion aus bibelwissenschaftlicher Sicht, in: CiG 59 (2007) 21f, vgl. in diesem Band 17–27; Magnus Striet, Nur für viele oder doch für alle? Das Problem der Allversöhnung und die Hoffnung der betenden Kirche. Zur Diskussion aus fundamentaltheologischer Sicht, in: CiG 59 (2007) 29f, vgl. in diesem Band 81–92; Gotthard Fuchs, Heilige Kommunion zwischen Kirche und Kosmos, in: CiG 59 (2007) 45f; Albert Gerhards, Wie viel sind viele? Zur Diskussion um das „pro multis", in: imprimatur 1 (2007) 13–17; auch in: HerKorr 61 (2007) 79–83, vgl. auch in diesem Band 55–64; Peter Walter, „Für alle" oder „für viele"? Zur Diskussion um die Übersetzung der Einsetzungsworte, in: Konradsblatt 91/2 (2007) 20. [Im Folgenden beziehen sich die Seitenangaben der Beiträge von Söding, Striet, Fuchs und Gerhards auf den vorliegenden Band.]

[8] Vgl. meine bisherigen Stellungnahmen zur Diskussion um das „pro multis": Konradsblatt 91/2 (2007) 21; CiG 59 (2007) 38; Rheinischer Merkur 5/2007, 1. Februar 2007, 23. – Auch der Tübinger Exeget Michael Theobald hat sich dafür ausgesprochen, das pro multis wörtlich und nicht mit „für alle" zu übersetzen. Vgl. ders., „Pro multis" – Ist Jesus nicht „für alle" gestorben, in: Orientierung 71 (2007) 21–24, vgl. auch in diesem Band 29–54. [Im Folgenden beziehen sich die Seitenangaben auf den vorliegenden Band.]

[9] Vgl. Anselm Schott OSB, Das vollständige Römische Meßbuch. Lateinisch-Deutsch. Mit allgemeinen und besonderen Einführungen im Anschluß an das Meßbuch, hg. von den Benediktinern der Erzabtei Beuron, Freiburg 1958, 465f; Urbanus Bomm OSB, Lateinisch-deutsches Volksmeßbuch. Das vollständige römische Meßbuch für alle Tage des Jahres. Mit Erklärungen und einem Choralanhang, Einsiedeln-Köln [13]1961, 771.

[10] Gd 3 (1969) 152.

[11] Vgl. Johannes Wagner, Mein Weg zur Liturgiereform 1936–1986. Erinnerungen, Freiburg-Basel-Wien 1993, 289.

[12] Vgl. Die Feier der Heiligen Messe. Messbuch für die Bistümer des deutschen Sprachgebiets. Authentische Ausgabe für den liturgischen Gebrauch. Kleinausgabe, Freiburg-Basel-Wien 1975 ([2]1988),473.

[13] Congregatio de cultu divino et disciplina sacramentorum, Prot. N. 467/05/L, 454.

[14] Johannes Wagner hätte übrigens die Übersetzung „für die vielen" gegenüber „für alle" vorgezogen, weil sie nicht nur näher am lateinischen und biblischen Text ist, sondern auch „literarisch interessanter und einfach besser" sei (Wagner, *Mein Weg zur Liturgiereform*, 289). – Kardinal Seper, Präfekt des Heiligen Offiziums, der heutigen Glaubenskongregation, hat später Zweifel geäußert, ob die Konfirmierung der Übersetzung „für alle" richtig war. Vgl. ebd., 289.

[15] Vgl. Theobald, „*Pro multis*" – *Ist Jesus nicht „für alle" gestorben?*, 29–54.

[16] So auch Theobald. Vgl. ebd.

[17] Vgl. Joseph Pascher, *Eucharistia, Gestalt und Vollzug*, Münster-München 1957, 16f. Pascher war einer der theologischen Lehrer von Joseph Ratzinger in München.

[18] Vgl. 2. Vatikanische Konzil, *Dogmatische Konstitution „Lumen gentium" über die Kirche*, Nr. 13 (DH 4132).

[19] Vgl. Brief des Heiligen Offiziums an den Erzbischof von Boston, 8. August 1949 (DH 3866–3873, besonders 3870).

[20] Vgl. 2. Vatikanische Konzil, *Dogmatische Konstitution „Lumen gentium" über die Kirche*, Nr. 13 und 16 (DH 4132.4140).

[21] Catechismus Romanus, Pars II. cap. 4, 24 (ed. Rodríguez 1989, 250): "Sed verba illa quae adduntur: *pro vobis et pro multis*, a Matthaeo et Luca singula a singulis sumpta sunt; quae tamen sancta Ecclesia Spiritu Dei instructa simul coniunxit. Pertinent autem ad passionis fructrum atque utilitatem declarandam. Nam si eius virtutem inspiciamus, pro omnium salute sanguinem a Salvatore effusum esse fatendum erit; si vero fructrum quem ex eo homines perceperint, cogitemus, non ad omnes, sed ad multos tantum eam utilitatem pervenisse facile intelligemus."

[22] Vgl. KKK Nr. 1339. Der ältere „Katholische Erwachsenen-Katechismus" vertritt dagegen die damals noch weithin unumstrittene These, dass mit „für viele" im Kelchwort bei Mt und Mk sachlich „für alle" gemeint sei. Vgl. *Katholischer Erwachsenen-Katechismus. Das Glaubensbekenntnis der Kirche*, hg. von der Deutschen Bischofskonferenz, Kevelaer u.a. 1985, 186.

[23] Vgl. TA 4 = Fontes Christiani 1, 277.

[24] Vgl. Gerhards, *Pro multis – für alle oder für viele*, 55–64.

[25] Sacramentarium Gregorianum Hadrianum (ed. Deshusses 332).

[26] Vgl. Peter Walter in: Konradsblatt 91 (2007) 20; Wolfgang Beinert in: *Der Gründonnerstagsbrief von 2005. Papst Johannes Paul II. war für das „für alle"*, in: CiG 59 (2007) 38.

[27] Johannes Paul II., Gründdonnerstagansprache von 2005: „Hoc est enim corpus meum quod pro vobis tradetur. Der Leib und das Blut Christi sind hingegeben für das Heil des Menschen, des ganzen Menschen und aller Menschen. Dieses Heil ist integral und gleichzeitig

universal, damit es keinen Menschen gibt, der – wenn nicht durch einen freien Akt der Ablehnung – von der Heilsmacht des Blutes Christi ausgeschlossen bliebe: qui pro vobis et pro multis effundetur. Es handelt sich um ein Opfer, das für ‚viele' hingegeben wird, wie der biblische Text (Mk 14, 24; Mt 26, 28; vgl. Jes 53, 11–12) in einer typisch semitischen Ausdrucksweise sagt. Während diese die große Schar bezeichnet, zu der das Heil gelangt, das der eine Christus gewirkt hat, schließt sie zugleich die Gesamtheit der Menschen ein, der es dargeboten wird: Es ist das Blut, ‚das für euch und für alle vergossen wird', wie einige Übersetzungen legitim deutlich machen. Das Fleisch Christi ist in der Tat hingegeben ‚für das Leben der Welt' (Joh 6, 51; vgl. 1Joh 2, 2)."

[28] Vgl. AAS 95 (2003) 434.

[29] Vgl. Rainer Kaczynski, *Die Interzessionen im Hochgebet*, in: *Gemeinde im Herrenmahl. Zur Praxis der Messfeier*, hg. von Th. Maas-Ewerd und Kl. Richter, Freiburg-Einsiedeln-Zürich-Wien 1976, 303–313. Eine Abweichung von dieser Tradition liegt im 4. Hochgebet vor, das für alle über den Erdkreis verstreuten Menschen betet, die noch nicht zu Christus gefunden haben.

[30] Vgl. *Katechismus der Katholischen Kirche. Neuübersetzung aufgrund der Editio typica latina*, München-Vatikan 2003 (= KKK) Nr. 1371.

[31] Das gilt auch für das 4. Hochgebet.

[32] Vgl. *Evangelisches Gesangbuch. Antwort finden in alten und neuen Liedern, in Texten und Bildern*. Ausgabe für die Evangelische Landeskirche in Württemberg, Stuttgart 1996, 1248.

[33] Vgl. *Evangelisches Gesangbuch. Ausgabe für die Evangelische Landeskirche in Baden, für die Kirchen Augsburgischen Bekenntnisses und die Reformierte Kirche im Elsass und in Lothringen*, Karlsruhe ³1999, Nr. 025.

[34] Vgl. *Evangelisches Gottesdienstbuch*. Agende für die Evangelische Kirche der Union und die Vereinigte Evangelisch-Lutherische Kirche Deutschlands, Berlin ³2003, 170.

[35] So auch Theobald, *„Pro multis" – Ist Jesus nicht „für alle" gestorben?* 29–54.

[36] Zur Übersetzung des *pro multis* vgl. Joseph Ratzinger/Benedikt XVI., *Gott ist uns nahe. Eucharistie: Mitte des Lebens*, Augsburg 2005, 33–36.

Nur für viele oder doch für alle?

Das Problem der Allerlösung und die Hoffnung der betenden Kirche

von Magnus Striet

Man mag es für eine Nebensächlichkeit halten. Hängt wirklich so viel daran, ob das „pro multis" künftig mit „für viele" oder mit „für die Vielen" wie statt bisher mit „für alle" übersetzt werden soll? Zunächst einmal kann man nur davor warnen, die Frage auf ein obsoletes Gültigkeitsdenken zu konzentrieren. Christliche Liturgie ist kein Kultgeschehen, das von der strikten Einhaltung von Vorschriften abhängig ist. Was gelten soll und liturgisch gefeiert wird, muss sich aus einem inhaltlich bestimmten Grundverständnis des Glaubens herleiten. Nun steht die Feier der Eucharistie ganz ohne Zweifel im Zentrum christlicher Existenz. Wegen der hohen Symbolkraft gerade der so genannten „Wandlung" können Veränderungen an so entscheidender Stelle der Eucharistiefeier nicht einfach überspielt werden. Veränderungen bedeuten immer zumindest auch Umakzentuierungen des Bisherigen. Weil dies gespürt wird, bedauern deshalb auch viele die angemahnte sprachliche Korrektur, und ich will vorab dieser Überlegungen betonen: Auch ich bedauere sie zutiefst. Die Neuübersetzung des „pro multis" in „für viele" kann zu Missverständnissen führen. Es kann, da das „für viele" jenseits von Fragen der Philologie möglicher Weise exkludierend aufgefasst werden könnte, der Eindruck entstehen, als wäre Jesu Leben nicht für alle so geendet, wie es geendet ist, nämlich in der Qual des Kreuzes.

Dies muss vermieden werden. Francis Kardinal Arinze hat

in seinem Schreiben an die Bischofskonferenzen nachdrücklich betont, dass die Neuübersetzung nicht die Überzeugung vom allgemeinen Heilswillen korrigieren wolle. Der Gott, von dem Christen glauben, er habe sich in Jesus Christus endgültig offenbar gemacht, will das Heil *aller* Menschen. Kein Mensch wird von Gott je verloren gegeben werden. So lautet der angesichts der realen Geschehnisse dieser Welt „eigentlich fast als ‚wahnwitzig‘ zu bezeichnende Optimismus des Christentums"[1]. Es ist der offenbar werdende Gott selbst, der diesen Optimismus gegen allen menschlichen Realitätssinn begründet. Meine Überlegungen wollen diese Hoffnung bezogen auf das „pro multis" des Kelchwortes ein wenig ausloten. Dabei wollen sie auch klar stellen, dass es keinen Heilsautomatismus geben kann, wie es das „für alle" vielleicht als Gefahr in sich einschließt. Es macht die Größe dieses Gottes aus, sich an das freigelassene Geschöpf binden zu wollen. In der freien, geschichtlich aufkommenden und an konkrete Geschichte und Biographie gebundenen gelebten Autonomie des Menschen will Gott Gott für den Menschen werden. Deshalb kann auch Eucharistie nie abstrakt gefeiert werden. Sie geschieht in der Welt, setzt Erfahrungen mit einem Gott frei, der der konkreten Geschichte Hoffnung gibt.

Keine Abkehr vom Heilsuniversalismus

Man muss sich die Dimensionen dieser Hoffnung immer wieder neu in ihrer ganzen Abgründigkeit vor Augen stellen, um sie nicht abzumildern. Weder die Schergen des Dritten Reiches, weder ein Hitler noch ein Stalin, weder ein Mohammed Atta noch ein Saddam Hussein fallen aus dieser Hoffnung heraus. In jeder Feier der Eucharistie werden auch sie wie unzählige andere, die Schuld auf sich geladen haben, ins Gebet mit hinein genommen. Immer wieder wird der Hoffnung Ausdruck gegeben, dass auch sie ausnahmslos von dem Gott nicht aufgegeben werden, der sich bis ins Äußerste hinein als der offenbar gemacht hat, der selbst denen, die ihn verhöhnen, mit seinem Vergebungs- und Versöhnungswillen entgegenkommt. Dieser Wille Gottes ist zugesagt, von ihm selbst geschichtlich bewährt. Deshalb ist das „für alle" auch keineswegs nur eine menschliche Hoffnung. Es schöpft sich vielmehr aus der offenbar gewordenen Zusage Gottes selbst, damit aus der Zusage des Gottes, der sich im Geschehen der Eucharistie immer wieder neu vergegenwärtigt. Die eschatologische Hoffnung findet dann in diesem Gott ihren Maßstab.

Bei der Frage nach der angemessenen Übersetzung des „pro multis" handelt es sich deshalb auch keineswegs um eine Nebensächlichkeit. Vielmehr geht es hier um die letzte Zuspitzung der christlichen Hoffnungsgestalt. Denn je nachdem, wie übersetzt wird, entscheidet sich, wie universal der Glaube ist. Schließt seine Hoffnung wirklich alle ein oder ist sie doch exklusiv? Es ist deshalb auch sehr die Frage, ob das Übersetzungsproblem allein auf der Ebene der Philologie entschieden werden kann. Stattdessen kommt es auf die theologische Auslegungslogik an. Es muss deutlich gemacht werden können, welche Interpretation angesichts des bis ins Äußerste, des bis in den Tod Jesu am Kreuz hinein bewährten Versöhnungswillens Gottes das größere Recht für sich beanspruchen kann. Die neutestamentlich bezeugte inkarnierte – eingefleischte – Menschenliebe Gottes ist in ihrer Bedeutungsfülle zu erschließen, möglicher Weise auch über das hinaus, was biblisch bereits kanonisiert wurde. Biblische Philologie allein reicht meines Erachtens nicht aus, um das Bedeutungsspektrum des „pro multis" entscheiden zu können. Sie reicht zumindest dann nicht aus, wenn sie sich nicht in ein theologisches Gesamtverstehen dessen einbindet, was den Glauben in seinem

Wesen ausmacht. Auch das Traditionsargument kann in der Entscheidung der Frage, ob Jesus sein Leben nun „für alle" oder „für viele" hingegeben hat, nur eine begrenzte Bedeutung entwickeln. Natürlich ist sorgsam mit der Tradition umzugehen. Aber es war doch die Errungenschaft der Theologie schlechthin, die Geschichtlichkeit des Offenbarungsgeschehens entdeckt zu haben. Dabei meint Geschichtlichkeit gerade nicht Relativismus, sondern das Ernstnehmen dessen, dass Gottes Seinwollen für den Menschen in der Geschichte selbst allererst erschlossen wird. Diese Grundlogik entspricht einem bundesgeschichtlichen Denken, das sich einer Begriffswelt von Freiheit verdankt. Der Mensch ist es, der Gott verstehend erschließt, und zwar gründend auf geglaubter Offenbarung. Der Primat liegt damit bei Gott. Erst erschließt sich Gott, dann aber hat der Mensch Gott und seinen Willen verstehen zu lernen. Freilich kann er dies auch nur, weil der Mensch von Gott als sein möglicher Exeget gewollt wurde.

In dem immer wieder neu zu beginnenden Verstehensprozess Gottes kann es sehr wohl zu Modifikationen, auch zu Wandlungen des bisher für wahr Erachteten kommen. Der christliche Glaube nimmt den Ausgangspunkt seiner Gottesauslegung beim menschgewordenen Gott, den die Schriften des Neuen Testaments in ja selbst durchaus differenzierter Weise zu erschließen versuchen. Gerade durch die Unterschiedlichkeit ihrer Zugänge fordern auch sie deshalb ein immer wieder neues Verstehen von Gottes Absicht mit seiner Schöpfung heraus. Das Zweite Vatikanische Konzil konnte deshalb eine deutliche Korrektur an einem Heilspartikularismus vollziehen, wonach außerhalb der Kirche kein Heil sei. Deshalb kann es auch nicht verwundern, dass das „pro multis" schließlich mit „für alle" und nicht mit „für viele" übersetzt wurde. Natürlich bleibt der in Jesus Christus offenbar gewordene Gott der Gott aller Menschen. Aber weil nun dieser Gott als der vorbehaltlos menschenfreundliche Gott endlich in den Blick kommt, ist dieser Monotheismus ein ethischer und universal inklusivistischer.

Der Optimismus des Christentums

In der Geschichte der Kirchen ist die Hoffnung, dass schließlich doch alle gerettet und erlöst werden könnten, immer wieder beargwöhnt worden. Die scharfen biblischen Gerichtsworte, wie sie sich neutestamentlich ja auch finden, haben hierzu wesentlich beigetragen. Keine ausgleichende Gerechtigkeit etwa? Wäre ein Gott überhaupt menschlich zu verantworten, der am Ende dann doch alle gleich liebt? Missachtete ein solcher Gott nicht gnadenlos die unzähligen Opfer der Geschichte in ihrem Schmerz und ihrer Freiheit? Es ist die Würde der menschlichen Freiheit, die hier auf dem Spiel steht. Bei Emmanuel Levinas heißt es: „Niemand, nicht einmal Gott, kann sich an die Stelle des Opfers setzen. Die Welt, in der die Vergebung allmächtig ist, wird unmenschlich."[2] Levinas wusste bekanntlich, wovon er sprach. In seinem ganzen Schreiben hatte er die Millionen ermordeter Juden, seine eigene Familie vor Augen, eine Geschichte, die für unzählige Menschen Schrecken und Mord brachte. Kann man vor einem solchen Hintergrund wirklich noch hingegeben „für alle" sprechen?

Wer die Geschichte ernst nimmt, wird dieses Bedenken nicht einfach an den Rand drücken. Ganz im Gegenteil sogar. Es hängt damit zusammen, dass es für die jüdisch-christlichen Glaubenstraditionen völlig undenkbar ist, den Glauben an Gott ohne permanenten Bezug auf die Geschichte zu fassen und auf dem Altar der gnostischen Dauerversuchung oder ihrer modernen Variante einer Wohlfühlspiritualität zu opfern. Die Geschichte in ihren ungezählten zwischenmenschlichen Dimensionen, aber eben auch in ihren gesellschaftlichen und völkerergreifenden Aspekten ist für den Glauben Abrahams gerade nicht belanglos. Ganz im Gegenteil wird die konkrete Geschichte wahrgenommen als die Wirklichkeit, in der Menschen ihre Bestimmung zum Menschsein verwirklichen oder eben auch verfehlen. Und zugleich ist es diese Wirklichkeit, in der der Gottesbezug gelebt wird. Die biblische Rede von der Einheit von Gottes- und Nächstenliebe bringt dies prägnant zum Ausdruck. Bei einer sich in diesen Glauben einschreibenden Spiritualität handelt es sich deshalb um keine weltjenseitige, weltdistanzierende Spiritualität, sondern um eine, die ihre Substanz gewinnt im konkret gelebten Leben.[3]

Der christliche Glaube, der sogar annimmt, dass Gott selbst im Fleisch des Menschen Jesu da war und dieses dadurch nochmals unendlich gewürdigt hat, treibt diesen Geschichtsbezug auf die Spitze. Wer dann aber im „pro multis" die Hoffnung auf Erlösung aller mithört, muss sich darüber im Klaren bleiben, was er da hörend träumt. Es sind die Menschen mit ihrer konkret gelebten Geschichte, die erinnert und vergegenwärtigt werden, wenn man sich so in die Feier der Eucharistie einlässt. Wenn die christlichen Kirchen von den Zeiten der Alten Kirche an zur Vorsicht mahnten, ja die Vorstellung von einer Rettung aller auch immer wieder schroff verurteilt wurde, so hat dies unter anderen einen genau benennbaren Grund. Die Würde der Freiheit war ihnen zu kostbar, als dass es irgendeinen Automatismus geben dürfte.[4] Wenn Rettung, dann nicht über den freien Menschen hinweg. Damit bekommen aber auch die von Levinas angesprochenen intersubjektiven Facetten des Menschseins ein ganz anderes Gewicht. Das sich in das „pro multis" einschreibende Hoffen hofft dann nicht weniger, als dass alle werden vergeben können. Eine wahnwitzige Hoffnung, die nur dann optimistisch sein kann, wenn sie mit einem Gott rechnet, der vollkommene Liebe ist und

Menschen durch seine Liebe instand setzen, sie trösten und so neu zur Autonomie befähigen kann.

Und Gott? Ist Gott etwa nicht frei?

Die eucharistisch gelebte Hoffnung rechnet mit einem Gott, der nicht zeit- und geschichtsenthoben ist. Die biblischen Theologen kannten die Sorgen der griechischen Philosophen nicht, Gott nur ja von allen Wechseln der Geschichte fernhalten zu müssen, um seine Vollkommenheit nicht zu verletzen. Auch Jesus kannte diese Sorge nicht. Wenn es etwa (in Mt 7,7) heißt „Bittet, dann wird euch gegeben werden", so wird hier mit einem Gott gerechnet, der geben kann, weil er die Bitte des Menschen hört. Die biblischen Gebete lassen den Menschen nicht sich einschwingen in ein kosmisches All-Eines. Sie lernen gerade nicht die Welt zu vergessen. Vielmehr ist biblisches Beten konkret, fleischlich-„materialistisch", bezieht sich auf die leibhaftigen Sorgen und Hoffnungen des Menschen. So kann auch die Selbstvergegenwärtigung Jesu im Geschehen der Eucharistie, eines Jesus, der sich in und mit seinem Leben schließlich selbst zum Gebet gemacht hat, als er in seiner ganzen Todesnot sich auf den Vater verlässt und von ihm – so die österliche Erfahrung des Glaubens – nicht im Tod gelassen wird, sondern erhört wird, nicht in die Weltflucht führen. In den jüdisch-christlichen Gebetstraditionen ist es immer der freie und personale Gott, der angesprochen wird – und zwar mit Bezug auf eine freie Geschichte, die unendlich viel Wunderbares, menschlich zutiefst Anrührendes zu Tage gefördert hat, in die aber eben auch eine tiefe Unheilsspur eingezeichnet ist.

Umso gewichtiger wird dann aber die Frage, ob man, wenn man das „pro multis" im Sinne von „für alle" hört und hofft, ja dieses „für alle" sogar als das Zentrum der eucharistischen Anamnese ausgibt, nicht doch allzu schnell die

Freiheit Gottes vergisst. Soll Gott sich denn nicht in grenzenlosem Zorn über manche Menschen ergehen können und sie in die absolute und endgültige Gottferne verbannen? Sie in die „Hölle" schicken? Wer wirklich radikal mit einem freien Gott rechnet, der wird diese Möglichkeit nicht einfach bestreiten können. Entweder ist Gott frei, dann unterliegt er keinerlei Notwendigkeit und besitzt damit auch die Möglichkeit, sich von Menschen abzuwenden, oder aber er ist es nicht. Das wäre dann aber nicht mehr der Gott der Bibel. In der Namensformel „Ich bin der, und werde mich (als der) erweisen, der ich bin und mich erweisen werde" (Exodus 3,14) drückt sich Gottes „unverfügbare Freiheit aus souveräner Macht"[5] aus, nicht aber ein abstraktes und namenloses Seinsprinzip.[6] Ist Gott als frei zu glauben, so kann theoretisch nicht ausgeschlossen werden, dass sich das „pro multis" doch nur auf „viele" erstreckt. Dieses logische Argument kann auch nicht dadurch übergangen werden, dass sich eine immer stärker werdende heilsuniversalistische Tendenz des biblischen Monotheismus durchsetzt.

Für viele bereits jetzt – und doch für alle

Für ein Denken, das sich den christlich-biblischen Gottesbezeugungen verpflichtet, ist letztendlich eine ganz andere Frage entscheidend. Ist denn wirklich damit zu rechnen, dass Gott noch einmal von seiner Menschenleidenschaft ablassen will und wird? Der in Anlehnung an Sören Kierkegaard formuliert so „verrückt" war – wohl von Anfang an dazu entschieden – selbst Mensch zu werden, um den Menschen menschlich nahe werden zu können? Auch, um sie mit seiner vergebenden Nähe zur Umkehr zu bewegen? Oder ist dies vielleicht sogar die gröbste Sünde wider den Heiligen Geist des menschgewordenen Gottes, nun nochmals Zweifel daran zu hegen, dass Gott auch noch dem letzten verirrten Schaf nachläuft? Und sei sein Schuldregister noch so groß? Dass er auch dann noch für den Menschen da sein will, selbst wenn dieser in diesem Leben zu keiner Einsicht und zu keiner Reue fähig war? Er vielleicht sogar mit Hasstiraden auf den Lippen starb?

Christlich von Heilsgeschichte reden, heißt, von der Hoffnung reden, dass diese Geschichte ins Gute verkehrt werden möge. Dass der Mensch endlich Mensch werde. Und zwar alle – und dies keineswegs undramatisch, sondern mit einem offenen Ende. Hans Urs von Balthasar hat gar ein mögliches Scheitern Gottes mit seiner Schöpfung angedeutet, sollte auch nur ein Mensch sich schließlich Gott verweigern. Dies wäre der Preis, den Gott selbst dafür zu zahlen hat, wenn er sich so entschieden an die Freiheit des Menschen bindet. Der Gedanke einer Tragödie kündige sich hier an, „für den Menschen nicht nur, sondern für Gott selbst".[7] Aber gerade darin erweist Gott seine Vollkommenheit, indem er nur mit den Möglichkeiten seiner Liebe um den Menschen wirbt. Niemand kann dann aber auch sagen, ob dem „für alle" wirklich „alle" entsprechen werden, indem sie sich, freigesetzt von der vergebenden Nähe Gottes, zu ihrer eigenen Schuldgeschichte bekennen, bereuen und um Vergebung bitten. Es ist die Vorstellung des kommenden Gerichts, die davor bewahrt, dass Gottes Geschichte mit der Welt, sein Heilswille, „unmenschlich" wird.

Die Lebenshingabe Christi aber gilt „für alle", zweifellos. Nicht Kleinherzigkeit ist der Name dieses Gottes, sondern unendliche Barmherzigkeit. Durch diese Hingabe Jesu, in der die vorbehaltlose Entschiedenheit Gottes für einen jeden Menschen endgültig offenbar wurde, ist die Logik ständiger Schuld-Fortsetzung durchbrochen. Denn „*weil* uns vergeben wird, *können* wir einander vergeben."[8] Bereits hier und jetzt und erst recht im Gericht, das wir erwarten. Und vielleicht können die ungezählten Erniedrigten und Ermordeten dieser Geschichte ihren Tätern in diesem Gericht ja doch vergeben, weil die zutiefst schuldig Gewordenen angesichts der Barmherzigkeit Gottes das ganze Ungeheuerliche ihres Tuns einsehen – sie deshalb bereuen und ehrlich um Vergebung bitten können. Und vielleicht wird ja dann doch verziehen, selbst das nach menschlichen Maßstäben doch eigentlich Unverzeihbare verziehen.[9]

Eucharistie feiern – Menschwerdung schon jetzt

Und der Mensch, der das „für alle" mitbetet? Es ist doch eine zutiefst erhebende Vorstellung, dass der im Antlitz Gottes endlich zum wahren Menschen gewordene Mensch es nicht wird ertragen können, dass auch nur ein Mensch sich weiter verhärtet, keine Reue zu zeigen, nicht um Vergebung zu bitten vermag. Wer ein solcher Mensch sein könnte, steht keinem Menschen an zu beurteilen. Auch für die jetzt Glaubensgewissen, die von ihrem eigenen Heil selbstverständlich Überzeugten, könnte gelten, dass sie in der Begegnung mit dem ersten wahrhaft menschlichen Menschen, Jesus Christus, ihre ganze Kleinherzigkeit und Gehässigkeit erkennen müssen. Das in jeder Eucharistiefeier gesprochene Schuldbekenntnis hat eine realistische Dimension, die schnell übersehen wird. Und vielleicht schwingt in dem Kelchwort „für alle" auch noch eine Bedeutung mit: dass die, die gequält wurden, vergeben können. Nicht weil es ihnen abverlangt wird, sondern weil sie es wollen.

Man kann äußerst gespannt sein, ob der in dem vatikanischen Schreiben an die Bischofskonferenzen geäußerte Wunsch, man möge durch geeignete Katechesen den Gläubigen den Hintergrund der Neuübersetzung verstehend erschließen, überhaupt Widerhall findet. Findet er ihn aber, so werden viele Gläubige – oder täusche ich mich? – fragen: „Für viele", nun gut – und was ist mit den übrigen? Wenn wirklich verstanden wird, dass Gottes offenbar gewordener und bis ins Äußerste hinein bewährter Heilswillen allen gilt, werden sie im Hören des Kelchwortes kaum davon Abstand nehmen. Auf den in seiner Liebesfähigkeit je größeren Gott setzend, werden sie, weil ihnen das Herz wegen des Empfangenen unruhig ist, dann doch wieder „alle" in ihre eucharistische Andacht mit einschließen. Sie schließen zuerst die Gedemütigten und Gepeinigten ein, vergessen aber auch nicht die, denen die Unmenschlichkeit zur zweiten Haut geworden ist. Denn sie empfangen nicht irgendwas, sondern die inkarnierte Feindesliebe selbst. Denn nichts anderes artikuliert doch die Hoffnung, wenn die christliche Gemeinschaft das „für alle" betet und damit in das Gebet Christi selbst einstimmt. Und zwar völlig unabhängig davon, ob es künftig „für viele" heißt oder nicht. Sie betet im Vertrauen auf den Gott, der sich in seiner ganzen Leidenschaftlichkeit für einen jeden Menschen offenbar gemacht hat. Sie betet dieses nicht abstrakt, sondern bezogen auf die konkrete, unerlöste Geschichte. Der Mensch, der sich im Geschehen der Eucharistie von Christi Gegenwart beschenken lässt, übt sich deshalb in das Warten ein, wissend darum, dass auch Gott auf den Menschen wartet, weil er sich dazu bestimmt hat, lieber unendlich zu warten, als sich über die Freiheit des Menschen hinwegzusetzen. Nur der erkennt deshalb das „Sakrament der Eucharistie in seinem wahren Sinn ..., der es nicht auf transsubstantiierte Elemente und deren heilbringenden Verzehr fixiert, sondern es in der ihm wesentlichen Relation des Leib-Seins-für erfasst, das heißt seine eigene Existenz aufsprengen lässt. [...] Wer nicht auf die anderen warten kann, hat nichts von dem Warten auf das Kommen des Herrn begriffen, das für die Eucharistie konstitutiv ist"[10]. Dieses Warten ist ein Warten auf alle.

Anmerkungen

[1] K. Rahner, *Politische Dimensionen des Christentums. Ausgewählte Texte zu Fragen der Zeit,* hg. v. H. Vorgrimler, München 1987, 97.

[2] E. Lévinas, *Schwierige Freiheit. Versuch über das Judentu*m, Frankfurt a.M., 1996, 33.

[3] Vgl. M. Striet, *Weltzugewandte Spiritualität,* in: K. Arntz (Hg.), *Religion im Aufwind. Eine kritische Bestandsaufnahme aus theologischer Sicht,* Regensburg 2007, 50–67.

[4] N. Brox, *Mehr als Gerechtigkeit. Die außenseiterischen Eschatologien des Markion und Origenes,* in: Kairos 24 (1982) 1–16.

[5] H. Irsigler, *Von der Namensfrage zum Gottesverständnis. Exodus 3,13–15 im Kontext der Glaubensgeschichte Israels,* BN 96 (1999) 56–96

[6] Vgl. J.B. Brantschen, Die *Macht und Ohnmacht der Liebe. Randglossen zum dogmatischen Satz: Gott ist unveränderlich,* in: FZPhTh 27 (1980) 224–246.

[7] H.U v. Balthasar, *Theodramatik IV,* Einsiedeln 1983, 272.

[8] Th. Pröpper, *Erlösungsglaube und Freiheitsgeschichte. Eine Skizze zur Soteriologie,* München ³1991, 200.

[9] Vgl. aus dem Bereich der Literatur G. Tabori, *Mutters Courage,* in: ders., *Theaterstücke I,* Frankfurt 1994, 312: „Schließlich haben er [gemeint ist ein deutscher Offizier] und seine Brüder meinen Cornelius verbrannt und meine Martha und achtzig andere von meinem Fleisch und Blut. Das kann ich ihnen nie verzeihen, oder Gott soll mich auf der Stelle erschlagen." Kurz zuvor heißt es aber auch: „Hüte dich davor, deinem Feind in die Augen zu sehen, mein Schatz, es könnte sein, dass du aufhörst ihn zu hassen, und somit die Toten verrätst." Und wenn es eine Möglichkeit gäbe, den Hass zu beenden, ohne die Toten zu verraten?

[10] H. Verweyen, *Warum Sakramente?,* Regensburg 2001, 69.

Memoriale passionis

Die Selbstgabe Jesu Christi ‚für alle' als Anstoß zu einer
eucharistischen Erinnerungssolidarität

von Jan-Heiner Tück

> „Da nämlich Christus für alle *[pro omnibus]*
> gestorben ist und da es in Wahrheit nur eine
> letzte Berufung des Menschen gibt, nämlich
> die göttliche, müssen wir festhalten, dass der
> Heilige Geist allen die Möglichkeit anbietet,
> sich mit diesem österlichen Geheimnis in
> einer Gott bekannten Weise zu verbinden."
> (*Gaudium et spes,* Art. 22)

1. ‚Für alle' oder ‚für viele'? Exposition der Motive

Ein Bonmot aus der Übersetzungstheorie besagt, dass jeder
traduttore ein *traditore* ist, jede Übertragung von der einen
in die andere Sprache also immer durch Spuren von Verrat und Untreue geprägt sein kann. Das philologische Prinzip der Wörtlichkeit geht demnach nicht in jedem Fall mit
sachlicher Treue überein. Diese Einsicht kann darauf aufmerksam machen, dass die wörtliche Übertragung des lateinischen *pro multis* durch das deutsche *für viele* nicht von
vornherein davor gefeit ist, theologische Missverständnisse
zu transportieren. Würde nämlich das *für viele* im Sinn einer soteriologischen Einschränkung verstanden, als ob die
rettende und versöhnende Kraft des Leidens und Sterbens
Jesu Christi sich nicht auf *alle* bezöge, dann wäre dies in
der Tat ein bedenklicher Rückfall in einen Heilspartikularismus, den niemand wünschen kann. Die augustinische Hy-
pothek, dass nur wenige errettet werden, die meisten aber
das Los der ewigen Verdammnis zu erwarten haben[1], hat
die Verkündigung der Kirche lange genug belastet – man

denke nur an die religiösen Traumatisierungen, welche eine forcierte Droh- und Höllenpastoral hinterlassen hat.[2] Lehramtlich ist der Heilspartikularismus immer wieder[3], spätestens aber durch das II. Vatikanische Konzil mit Entschiedenheit korrigiert worden (vgl. LG 16, GS 22) – und man sollte diese Korrektur nicht leichtfertig wieder aufs Spiel setzen. Auch das Schreiben von Francis Kardinal Arinze, dem Präfekten der Gottesdienstkongregation, an die Vorsitzenden der Bischofskonferenzen der Welt vom 17. November 2006 will einen solchen Rückfall offensichtlich vermeiden, wenn es betont, die wörtliche Neuübersetzung des *pro multis* solle durch flankierende Maßnahmen in Homilie und Katechese vorbereitet und begleitet werden. Als Vorzüge der wörtlichen Übertragung aber lassen sich aufführen, dass sie philologisch genauer ist und daher den Vorgaben der Instruktion *Liturgiam authenticam* (2001) besser entspricht; dass sie den Bezug zum Vierten Gottesknechtslied (vgl. Jes 53,11) deutlicher anklingen lässt und ökumenisch anschlussfähiger ist; dass sie eine möglichst einheitliche Sprachregelung für die zunehmend polyzentrische Weltkirche zu schaffen vermag. Außerdem wird durch die Wendung *für viele* das Missverständnis des Heilsautomatismus vermieden, für das die bisherige Übersetzung *für alle* anfällig gewesen sein mag – möglicherweise allerdings um den Preis, dass sie ein neues, nicht minder gravierendes, ja sogar noch schwerwiegenderes Missverständnis transportiert, das Missverständnis nämlich, dass das Leiden und Sterben Jesu Christi *nicht allen* gegolten habe.

Eine solche Einschränkung der universalen Heilsbedeutung des Todes Jesu ist durch das Schreiben der Gottesdienstkongregation allerdings ausdrücklich nicht intendiert: „Es ist ein Dogma des Glaubens", heißt es dort, „dass Christus für *alle* Männer und Frauen am Kreuz gestorben ist." Dies weist darauf hin, dass in der Diskussion zwei Ebenen zu unterscheiden wären: einerseits die *objektive Ebene* des göttlichen Heilswillens, der sich auf alle bezieht, und andererseits die *subjektive Ebene* der persönlichen Heilsaneignung, die durch die Übersetzungsvarianten in unterschiedlicher Weise akzentuiert wird. Das einschränkende *für viele* dürfte als strenger empfunden werden, könnte aber aufhorchen lassen im Sinne eines Appells, sich als Gast am Tisch des Herrn entsprechend zu prüfen; das einladende *für alle* bringt demgegenüber die niemanden ausschließende Hingabe Jesu klar zum Ausdruck, könnte jedoch vergessen lassen, dass der Empfang der eucharistischen Gaben an Glaube und Taufe gebunden ist und nicht undisponiert geschehen sollte. Wie dem auch sei: Wer für die wörtliche Übersetzung des *pro multis* votiert und sagt, dass Jesus sein Blut *für viele* vergossen hat, der muss, wenn er den Heilsuniversalismus nicht verraten will, in Parenthese ergänzen, dass dies *möglicherweise doch für alle* geschehen ist, da er nicht ausschließen kann, dass am Ende alle das Heilsangebot annehmen. Wer hingegen für die Beibehaltung der bisherigen Übersetzung votiert und sagt, dass Jesus sein Blut *für alle* vergossen hat, der muss, wenn er keinem Heilsautomatismus das Wort reden will, in Parenthese ergänzen, dass dies *möglicherweise doch nur für viele* geschehen ist, da er nicht ausschließen kann, dass am Ende einige das Heilsangebot definitiv ausschlagen. „Schrift und Überlieferung kennen sowohl die Formel ‚für alle' wie die Formel ‚für viele'. Beide sagen je einen Aspekt der Sache aus: einerseits den umfassenden Heilscharakter für Christi Tod, der für alle Menschen gelitten wurde; auf der anderen Seite die Freiheit der Verweigerung als Grenze des Heilsgeschehens. Keine der beiden Formeln kann das Ganze sagen; jede bedarf der Auslegung und der Rückbeziehung auf das Ganze der Botschaft."[4]

In der bisherigen Diskussion scheinen die beiden Ebenen – der allgemeine Heilswille Gottes und die Frage der persönlichen Heilsaneignung – nicht immer sauber auseinandergehalten worden zu sein. Dies dürfte damit zusammenhängen, dass der Ausdruck ‚viele‘ im Deutschen semantisch nicht deckungsgleich ist mit ‚alle‘ und den Ausschluss von ‚wenigen‘ oder ‚einigen‘ insinuiert. Aufgrund dieses Gefälles zur Exklusion ist es fraglich, ob der Ausdruck ‚viele‘ „für die Einbeziehung *jedes Menschen* offen ist“, wie das Schreiben von Kardinal Arinze nahelegt. Hinzu kommt, dass die Ersetzung der 1974 offiziell approbierten Übersetzung *für alle*, an die sich die Gläubigen des deutschen Sprachraums immerhin über dreißig Jahre lang gewöhnen konnten, durch die Neuübersetzung *für viele* pastoral delikat ist und den Verdacht aufkommen lässt, hier solle nun doch ein allzu forscher Heilsoptimismus korrigiert werden. Es ist bekannt, dass eine gewisse Apokatastasisphobie Wortmeldungen provoziert hat, welche die Übersetzung *für alle* unverblümt unter Häresieverdacht gestellt haben.

Um den prekären Eindruck zu vermeiden, die Neuübersetzung wolle den allgemeinen Heilswillen Gottes zurücknehmen, greifen deren Befürworter nun auf eine altbewährte Distinktion zurück, nach der das Sterben Jesu am Kreuz durchaus *für alle* erfolgt sei, die persönliche Aneignung des Heils in der Gabe der Eucharistie aber *nicht durch alle* realisiert werde. In der Tat ist die Möglichkeit einer definitiven Verweigerung des Heilsangebots – unabhängig für welche Übersetzung man votiert – ernst zu nehmen. Niemand kann über seinen Kopf hinweg erlöst werden, wenn Erlösung ein Freiheitsgeschehen ist, in dem der vergebungsbedürftige Mensch die Heilszusage Gottes in Freiheit bejaht – oder verneint. „‚Lieber schuldig bleiben als mit einer Münze zahlen, die nicht unser Bild trägt‘ – so will es unsere Souveränität“ – notiert Nietzsche[5], und es ist keineswegs ausgeschlossen, dass einige dieser Devise folgen. Aber selbst dann wäre immer noch offen, ob Gott dem Neinsager nicht möglicherweise postmortal ein Ja abzuringen vermag. Wenn nämlich „Christus nicht nur für die Erwählten gelitten hat, sondern für alle Menschen, so hat er gerade auch ihr eschatologisches Nein seinem Heilsereignis gegenüber noch einmal eingeholt."[6] Daher ist es problematisch angesichts der realen Möglichkeit von Verweigerung zu behaupten, das auf Golgotha gewirkte Heil sei nur potentiell universal, habe faktisch aber nur partikulare Auswirkungen – eine Behauptung, die in der Lehrtradition der Kirche durchaus zu finden ist.[7] Wer heute auf dieser Linie argumentiert, weiß mehr als er wissen kann und fällt zurück in einen Heilspartikularismus. Wer glaubt, andere schon hier und heute vom Heil definitiv ausschließen zu können (und sich selbst auf der sicheren Seite wähnt), wäre im Übrigen daran zu erinnern, dass auch die Vielen, die zur Kommunion hinzutreten, keinerlei Garantie haben, dass sie dies auf rechte Weise tun. Nicht ausgeschlossen ist, dass manche sich durch unwürdigen Kommunionempfang das Gericht zuziehen (vgl. 1 Kor 11,27–29).

Nur *en passant* möchte ich hier anmerken, dass in der Diskussion um die angemessene Übersetzung des *pro multis* ein heilsamer Anstoß für eine Erneuerung der eucharistischen Unterscheidungskultur liegen könnte. An die unbequeme Wahrheit zu erinnern, dass niemand gedankenlos oder in schwerer Schuld die eucharistischen Gaben empfangen soll, oder behutsam darauf aufmerksam zu machen, dass das Brot des Lebens nicht mit gewöhnlichem Brot, der Kelch des Heils nicht mit gewöhnlichen Wein zu verwechseln ist, kann nicht falsch sein, wenn man vermeiden will, dass das Bewusstsein für das eucharistische Mysterium verblasst. Allerdings wäre es ein Verrat der Gemeinschaft mit Christus, wenn man diejenigen, die faktisch gedankenlos oder in schwerer Schuld den Leib des Herrn empfangen und so das eucharistische Brot von gewöhnlichem nicht unterscheiden, sich selbst überließe; oder wenn man diejenigen, die erst gar keine Gelegenheit haben, sich die „Arznei der Unsterblichkeit" (Ignatius von Antiochien) persönlich anzueignen – und das sind viele – mit Gleichgültigkeit behandelte, geschweige denn diejenigen, welche glauben, nicht mehr glauben zu können, oder als bekennende Atheisten den Glauben ausdrücklich ablehnen. Die Not der Eucharistieunfähigkeit ist von Elias Canetti einmal pointiert zur Sprache gebracht worden: „Das Schwerste für den, der an Gott nicht glaubt: dass er niemanden hat, dem er danken kann."[8] Verlangt vor diesem Hintergrund die eucharistische *Communio* mit dem auferweckten Gekreuzigten, der den Verlorenen bis ins Äußerste nachgegangen ist und sein Leben *für alle* gegeben hat, nicht gerade auch das solidarische Eintreten *für alle*?

Man sieht bereits, dass die wörtliche Übersetzung des *pro multis* sich ebenso wenig von selbst versteht wie die bisherige, dass sie vielmehr auf theologische Erläuterung angewiesen bleibt. Für die theologische Erläuterung aber ist es zunächst entscheidend, die Sache, die im Kelchwort durch das *pro multis* angezeigt wird, in den Gesamthorizont des Lebens und Sterbens Jesu hineinzustellen. Im Folgenden möchte ich daher nicht weiter die Gründe für oder gegen die wörtliche Übersetzung des Kelchwortes beleuchten, sondern darauf hinweisen, dass die *verba testamenti* angemessen nur im Zusammenhang des Lebens und Sterbens Jesu verstanden werden können. Die Feier der Eucharistie aber ist für uns heute der privilegierte Ort, wo wir der Lebenshingabe Jesu für alle gedenken. Dieses Gedenken bleibt für uns nicht ein bloß kognitiver Akt, eine *nuda commemoratio*; durch den Empfang der verwandelten Gaben von Brot und Wein werden wir vielmehr in die Lebenswirklichkeit Jesu Christi hineingenommen. Dies aber schließt – wie ich meine – die Aufgabe ein, dass wir nun unsererseits advokatorisch für alle eintreten. Daher möchte ich in einem weiteren Reflexionsgang die These vertreten, dass dem eucharistischen

Gedenken ein Anstoß zu einer universalen Erinnerungssolidarität innewohnt.

2. Gabe des Äußersten:
Das Abschiedsmahl als Verdichtung des Lebens und als Antizipation des Todes Jesu

Ohne hier eine exegetische Rekonstruktion der vielschichtigen Abendmahlsüberlieferung bieten[9] oder gar das komplexe Verhältnis zwischen dem Abschiedsmahl Jesu, dem urchristlichen Herrenmahl und dem Mess-Schema der kirchlichen Eucharistiefeier nachzeichnen zu können[10], möchte ich in systematisch-theologischer Absicht daran erinnern, dass sich in den Worten und Zeichen, die Jesus beim letzten Mahl hinterlassen hat, die proexistente Haltung seines Lebens verdichtet und zugleich sein Sterben deutend vorweggenommen wird.

Im Zentrum der Verkündigung Jesu steht die Botschaft von der nahe gekommenen Gottesherrschaft; in seinen Gleichnissen – allen voran der Parabel vom barmherzigen Vater – bringt er die unbedingte Vergebungsbereitschaft Gottes sprachmächtig ins Wort. Die Vollmacht seiner Verkündigung, die primär an die Armen, Entrechteten und Sünder adressiert ist, wird durch Zeichenhandlungen beglaubigt, in denen sich der Anbruch der Gottesherrschaft bereits wirksam vollzieht. Krankenheilungen, Dämonenaustreibungen und Mahlgemeinschaften sind sichtbare Zeichen des Anbruchs der Gottesherrschaft.[11] Der Wille des Vaters, dem Jesus sich rückhaltlos verschreibt, wird dadurch transparent, dass er *für die anderen* lebt und gerade so das Doppelgebot der Gottes- und Nächstenliebe auf paradigmatische Weise verwirklicht. Auch in seinem Sterben sucht er dem Willen des Vaters Genüge zu tun: „Abba, Vater, alles ist dir möglich. Nimm diesen Kelch von mir. Aber nicht, was ich will, sondern, was du willst …" (Mk 14,36). Die Abschiedsworte und -gesten des letzten Mahles aber können als hermeneutischer Schlüssel für die viel erörterte Frage genommen werden, wie Jesus seinen Tod verstanden hat. Sie sind Ausdruck einer Todes-Antizipation, die testamentarischen Charakter hat. Auch wenn sich die ureigenen Worte Jesu wohl nicht mehr genau rekonstruieren lassen, so kommen alle neutestamentlichen Zeugnisse doch darin überein, dass der erste Teil des Deutewortes über das Brot „Dies ist mein Leib" lautet (vgl. Mk 14,22; Mt 26,26; Lk 22,19; 1Kor 11,24). Anders als eine forcierte Hermeneutik des Misstrauens, die wegen der Diskontinuität zwischen vorösterlichem Geschehen und nachösterlicher Deutung nicht auf eine Selbstäußerung des historischen Jesus meint rückschließen zu dürfen, scheint mir diese Übereinstimmung doch ein hinreichendes Indiz dafür, dass hier eine authentische Aussage Jesu vorliegt, die im Sinne einer *personalen Selbstidentifikation* zu deuten ist. Jesus identifiziert sich mit dem Brot, über das er den Lobpreis spricht, das er bricht und an die Zwölf verteilt. Durch diesen Gestus der Selbstverteilung macht er deutlich, dass der Tod, der ihm bevorsteht, ihnen als Heil zugute kommen soll, unabhängig von der Frage, ob Jesus in diesem Zusammenhang schon soteriologische Interpretamente bemüht hat. Durch die freiwillige Selbstgabe in den Tod schenkt er Leben, das keinen Tod mehr kennt. Das Abschiedsmahl Jesu bietet einen Vorgeschmack des himmlischen Hochzeitsmahls (vgl. Jes 25,6–8), das schon in der Verkündigung Jesu einen besonderen Stellenwert einnimmt (vgl. Lk 13,29; Mt 8,11; Lk 14,35–34; Mt 22,1–14).

Die Todes-Antizipation wird durch den Becherritus noch unterstrichen. Abweichend von der Praxis jüdischer Festmähler gibt Jesus nach dem Lobpreis *seinen* Becher den anwesenden Jüngern, damit *alle* daraus trinken, ohne dass er selbst daraus getrunken hätte (vgl. Mk 14,23 mit 14,25, sowie Lk 22,15–18). Die korrespondierenden Worte, die bereits urchristliche Abendmahlsdeutung spiegeln, sind zwar in den beiden Überlieferungssträngen unterschiedlich, kommen aber darin überein, dass sie das *Bundesmotiv* mit dem *Sühnemotiv* verbinden. Jesus schenkt seinen Tischgenossen das Äußerste, was er zu geben hat: sein Leben, und gerade durch diese Selbstgabe stiftet er den Bund Gottes mit den Menschen. Die Rede vom „Blut des Bundes" verweist zurück auf den Bundesschluss am Sinai (vgl. Ex 24,3–8), wo das Volk Israel durch die Besprengung mit Blut zum Bundesvolk konsekriert wird; die lukanisch-paulinische Traditionslinie (1 Kor 11,25; Lk 22,20) greift auf das Motiv des „Neuen Bundes" zurück, dass sich – im Alten Testament singulär – beim Propheten Jeremia findet (vgl. Jer 31,31–34). Die sühnetheologische Deutung des Todes Jesu wird durch die Rede „vergossen für viele" evoziert, die auf das vierte Gottesknechtslied (Jes 53,10–12) zurückgeht. Es ist bekanntlich umstritten, ob das ‚für viele' als Semitismus gedeutet werden kann, der in der Sache mit ‚für alle' identisch ist. Immerhin ist noch jüngst die Auffassung vertreten worden, dass die Vielen im Vierten Gottesknechtslied nicht auf Israel zu begrenzen, sondern auf die Völkerwelt auszudehnen sind. „Die Stellvertretung *für sie alle* wird der Erfolg des Gottesknechtes sein (vgl. Jes 52,13), vollbracht durch seinen Tod."[12] Das Wort der johanneischen Brotrede, demzufolge Jesus sein Fleisch „für das Leben der Welt" (Joh 6,53, vgl. 1 Joh 2,2) gibt, dürfte den universalen Bezug noch deutlicher herausstellen.

Es reicht indes nicht aus, dass die Todes-Antizipation des Abschiedsmahls am Kreuz auch wirklich eingelöst wird. Der Tod ist zunächst grausamer Abbruch und abgründiges Scheitern. Die Hinrichtung am Kreuz – für die Juden ein Fluchtod (Dtn 21,23), für die Römer eine *mors turpissima* – hätte das definitive Ende bedeutet, wenn Gott nicht selbst seinen getöteten Zeugen aus dem Tod errettet und dadurch dem zutiefst erschütterten Glauben an die Botschaft vom nahe gekommenen Reich ein neues kraftvolles Fundament gegeben hätte. Leben, Tod und Auferweckung müssen daher als ein Ereigniszusammenhang wahrgenommen werden, der nach entsprechender Deutung verlangt: „Ohne Jesu Verkündigung wäre Gott nicht schon als gegenwärtige und bedingungslos zuvorkommende Liebe, ohne seine erwiesene Bereitschaft zum Tod nicht der Ernst und die unwiderrufliche Entschiedenheit dieser Liebe und ohne seine offenbare Auferweckung nicht ihre verlässliche Treue und todüberwindende Macht und somit auch nicht Gott selbst als ihr wahrer Ursprung offenbar geworden."[13] Die unbedingt für den Menschen entschiedene Liebe Gottes wird nur in der Zusammenschau aller Momente offenbar. Denn die Abendmahlsworte, in denen sich die proexistente Haltung Jesu testamentarisch verdichtet, wären ohne den Tod, der sie einlöst, ungedeckte Rhetorik geblieben. Umgekehrt wäre der Tod ohne die deutende Vorwegnahme beim letzten Abendmahl ein sinnloses Ereignis geblieben, wie es in der Gewaltgeschichte der Menschheit unzählige Male vorgekommen ist – man denke nur an die „Alleen des Schreckens"[14] am Ende des Spartakusaufstandes, in denen sechstausend gekreuzigte Rebellen in tagelangen Agonien ihr Leben verloren. Hätte es die Erscheinungen des Auferstandenen nicht gegeben, wäre der Tod Jesu von der Jüngerschaft wohl als definitive Kapitulation seiner Sendung gedeutet worden. Erst im Licht der Auferstehungswiderfahrnisse konnte dem Sterben Jesu die rettende und erlösende Kraft zugeschrieben werden, die bereits die vorpaulinische Tradition des Urchristentums diesem Ereignis beigemessen hat (vgl. 1 Kor 15,3–5). Daher sind über Leben und Sterben auch Auferstehung und Himmelfahrt Jesu in den Blick zu nehmen, wenn man die Dimensionen des Paschamysteriums unverkürzt erläutern und die pneumatische Selbstvergegenwärtigung des auferweckten Gekreuzigten in den Gaben von Brot und Wein inhaltlich näher bestimmen will. Die Erinnerungs- und Interpretationsgemeinschaft der Kirche hat diesem Sterben jedenfalls von Anfang an universale Heilsbedeutsamkeit zugesprochen (vgl. Röm 8,32; 2 Kor 5,14; 1 Tim 2,6 u.ö.). Bis heute steht das Eingedenken der rettenden Lebenshingabe Jesu *für alle* im Zentrum der eucharitstischen Liturgie. Dieses *memoriale passionis, mortis et resurrectionis Jesu Christi* aber würde verkürzt, wenn es nicht die anamnetische Solidarität *mit allen* einschlösse, für die der Gekreuzigte sein Leben gegeben hat.

3. An alle denken – für alle eintreten: Zu einer eucharistischen Erinnerungssolidarität

In jeder Eucharistie wird die Gegenwart des *Christus passus* gefeiert. Diese Gegenwart ist nicht das Produkt menschlicher Erinnerungsleistung – *nuda commemoratio* – , sondern Gabe des auferweckten Gekreuzigten selbst.[15] Durch seine pneumatische Selbstvergegenwärtigung schenkt er sich in den Gaben von Brot und Wein, die so nicht Zeichen für *etwas* sind, sondern für *jemanden*, der mit seinem Leben und Sterben alles gegeben hat und seine Gegenwart – zeichenhaft verhüllt – auch heute gewährt. Durch den Empfang dieser Gaben vollzieht sich die reale Inkorporation der Gläubigen in den Leib Christi. Denn im Akt der Kommunion wird Christus, der Andere, nicht einfach einverleibt, sondern die Kommunizierenden werden durch den Empfang des Leibes und Blutes Christi in dessen Lebenswirklichkeit hineingenommen – gemäß der Einsicht des Thomas von Aquin: „[...] die *leibliche* Speise wandelt sich in das Wesen dessen, den sie nährt; die *geistliche* Speise aber verwandelt den Menschen in sich selbst."[16] In dieser Wandlung aber ereignet sich die persönliche Übernahme der Lebenshingabe Jesu Christi, der sich mit den Leidenden identifiziert hat und stellvertretend für die Sünder gestorben ist. Gerade die rückhaltlose Selbstgabe des auferweckten Gekreuzigten, die in den *verba testamenti* verdichtet zum Ausdruck kommt, kann ein Anstoß zu einer eucharistischen Erinnerungssolidarität mit allen sein.

Nun wäre die *unbedingte Solidarität Jesu Christi* mit den Leidenden, die in der traditionellen Soteriologie eher vernachlässigt wurde, nur unzureichend verstanden, wenn man sie auf die Dimension des Trostes beschränken wollte. Vielmehr kann dem Leidenden durch die rückhaltlose Zuwendung Jesu Christi ein Ausweg aus seiner Entwürdigung gewiesen werden, wenn er durch die vorbehaltlose Identifikation Christi in seiner Würde bestärkt wird und ein neues Verhältnis zu seinem Leben gewinnt. Gleichzeitig kann er durch die Gemeinschaft mit Christus, der noch sterbend für seine Peiniger gebetet hat, befähigt werden, in die Haltung der Versöhnungsbereitschaft einzustimmen und in seinem Schuldiger den vergebungsbedürftigen Nächsten sehen zu lernen. Der Glaube daran, dass Jesus Christus zugleich *stellvertretend* für die Sünder gestorben ist, scheint auf den ersten Blick mit dem neuzeitlichen Gedanken der sittlichen Unvertretbarkeit des Individuums unvereinbar zu sein. Stellvertretung muss als ein Freiheitsgeschehen gefasst werden, das sich von magischem Ersatzdenken ebenso unterscheidet wie von der Vorstellung eines Entschuldungsautomatismus. Erlösung des Schuldigen von seiner Schuld vollzieht sich demnach so, dass dieser den Akt der Stellvertretung Jesu Christi frei anerkennt. „Jesus kann den Sünder nicht beiseite schieben, um seinen Platz einzunehmen. Er kann sich dessen Freiheit nicht aneignen, um aus ihr zu tun, was der andere nicht tun will. Zugespitzt: er kann mich erlösen (das heißt mich aus einer Gefangenschaft oder Verschuldung loskaufen), aber ich muss diese Tat immer noch annehmen, für mich wahr sein lassen."[17] Stellvertretung meint im theologischen Kontext also nicht nur die situationsbedingte, zeitlich begrenzte und funktional definierte Vertretung von Menschen durch Menschen, sondern das soteriologisch qualifizierte Ereignis, dass der Gekreuzigte in seinem Sterben so an die Stelle des sündigen Menschen getreten ist, dass diesem ein neues Verhältnis zu Gott eröffnet wird.

Das eucharistische Eingedenken der Lebenshingabe Jesu Christi verdichtet sich, wenn die liturgisch geformten *verba testamenti* vom Priester – nicht in eigenem Namen, sondern *in persona Christi* – gesprochen werden: „Dies ist mein Leib, für euch gegeben – Dies ist mein Blut, für euch vergossen." Die sakramentale Gleichzeitigkeit mit dem *Christus passus*, der sich in den Zeichen von Brot und Wein selbst schenkt, weist die Christen in die Haltung der Proexistenz ein. So wie Christus, der Erhöhte, beim Vater für die Menschen eintritt, so sollen auch sie – nicht allein, sondern gemeinsam – bei der *com-memoratio sacrificii* für die anderen eintreten. In den Interzessionen des Hochgebets nimmt die um den Tisch des Herrn versammelte Gemeinde teil am immerwährenden Gebet Christi. Sie gedenkt nicht nur der Heiligen, sondern auch der Lebenden und Toten, die zur *communio sanctorum* gehören. Im Unterschied zum allgemeinen Gebet der Gläubigen, das die Anliegen für die ganze Welt ins Wort bringt und stärker *universalen* Charakter hat, scheint in den Hochgebeten der *ekklesiale* Charakter zu dominieren, wenn sie primär die Christusgemeinschaft der Gläubigen ins Wort bringen. Allerdings würden die Gläubigen die kultische Anamnese des Leidens und Sterbens Jesu verkürzen, wenn sie diese exklusiv auf die binnenkirchliche Perspektive beschränken würden. „Die Kirche wird sich auch auf dem Höhepunkt ihrer Gottesdienstfeier ihres Gebetsdienstes *für die ganze Welt* bewusst bleiben können, ohne dass dies dann zu einer ausgedehnten ‚oratio universalis' an dieser Stelle führen müsste. Wie das Opfer Christi, gilt ja auch seine vermittelnde Fürsprache *der ganzen Welt*."[18] Die Gemeinschaft der Gläubigen, die sich um den Tisch des Herrn versammelt, hat die Aufgabe, sich mit den anderen, die außerhalb stehen, im Modus des Gebets und der Fürbitte zu verbinden. Dieses advokatorische Gebet umschließt zugleich eine diachrone Dimension, insofern die Abwesenden der Vergangenheit, die schmerzlich Vermissten, aber auch die Vergessenen, deren Namen niemand mehr kennt, der rettenden *memoria Dei* anempfohlen werden. Eine solche, die Verlorenen mit einbeziehende Gebetspraxis ist jüngst in einer Erzählung von Peter Handke ins Wort gebracht worden: „[…] sie beten auf solche Weise nie für sich selber, vielmehr für die Abwesenden – für die, die von ihnen getrennt, von ihnen weggerissen worden sind – für die, die sie verloren haben."[19] Im eucharistischen Gedenken verbindet sich mit dem Akt der Erinnerung – *remembering* – jedenfalls die Hoffnung auf Wiedereingliederung der Verlorenen, der *membra disiecta*.

Das Postulat einer universalen Erinnerungssolidarität mit den Toten[20] vermag durch die *communio* mit dem auferweckten Gekreuzigten eucharistietheologisch dadurch konkretisiert zu werden, dass nicht nur das einzelne Subjekt für sich, sondern jeder *zusammen mit* den anderen den liturgischen Akt der *com-memoratio* begeht, in dessen Zentrum die Selbstgabe des auferweckten Gekreuzigten für alle steht. Daraus erwächst der Anstoß, an alle zu denken, für alle einzutreten. Dies muss darum nicht zu einer Überforderung werden, weil die vielen Namen der menschlichen Leidens- und Schuldgeschichte auf den *einen* Namen Jesu Christi bezogen werden, der niemanden vergessen hat, weil er für das Heil aller in den Tod gegangen ist. Der Forderung nach unbedingter Treue zu den Toten, nach universaler Erinnerungssolidarität mit den Opfern der Geschichte kann so entsprochen werden, denn das eucharistische Gedenken Christi umschließt in gewisser Weise das Gedenken der Toten, deren Bruder er geworden ist. Er selbst ist das Realsymbol der *memoria Dei*, weil er in seinem Sterben das Postulat der universalen Erinnerungssolidarität verwirklicht hat.[21] In diesem Hinweis liegt nun keine Erinnerungsdispens oder Lizenz zum Vergessen, als erhielten Christen im eucharistischen Gedenken einen Freibrief für die Verdrängung der Toten. Im Gegenteil: Sie würden die anamnetische *communio* mit dem auferweckten Gekreuzigten geradezu pervertieren, wollten sie sich den Leidenden und Toten gegenüber verschließen, mit denen Christus selbst sich rückhaltlos identifiziert hat. Sie können sich auf Christus authentisch nur beziehen, wenn sie bereit sind, sich ihrerseits vorbehaltlos in seinen Dienst nehmen zu lassen. Aus der Erinnerung daran, dass Jesus sterbend für seine Feinde gebetet hat, dass er den Verlorenen bis ins Äußerste rettend nachgegangen ist, ergeht für sie die Verpflichtung, nicht nur die eigenen Feinde in das Gebet mit einzubeziehen, sondern auch die vielen Täter der Geschichte, an die niemand mehr denkt oder denken will, dem rettenden Gedächtnis Gottes zu empfehlen. Die kultische Anamnese widersetzt sich so dem gesellschaftlichen Trend zur kulturellen Amnesie.[22]

Coda: Noch einmal die Frage der Übersetzung

In der Eucharistiefeier wird das Gedächtnis des Leidens, des Todes und der Auferstehung Jesu Christi begangen. Dieses *memoriale* spart die Abgründigkeit des Todes nicht aus, insofern ist es ein Akt des Protests gegen die Verdrängung oder Banalisierung des Todes. Zugleich ist das eucharistische Gedenken mit Totenkult oder Nekrophilie nicht zu verwechseln, feiert es doch die Überwindung des Todes durch die sich selbst verschenkende Liebe. Wer aber das Sakrament seines Leibes und Blutes dankbar empfängt, wird befähigt, die Proexistenz Jesu nun seinerseits zum Vorzeichen der eigenen Existenz zu machen. Der Empfang der verwandelten Gaben wird zur Gabe der Verwandlung, die eine „moralische Transsubstantiation"[23] einleiten kann. Dies scheint mir jedenfalls der entscheidende Übersetzungsvorgang zu sein, der allen abverlangt ist, die mit Christus kommunizieren und sich in die Wirklichkeit seines Leibes hineinnehmen lassen.[24] Dabei ist klar, dass hier jeder Übersetzungsversuch hinter dem Original zurück bleibt und alle *traduttores* immer auch *traditores* sind. Aber selbst wenn sich in die praktische Nachfolge Momente von Verrat und Untreue einschleichen, wenn ein eucharistisch inspirierter Lebensstil immer wieder Rückschläge erleidet, der Empfang der Gabe bleibt dem Geber verpflichtet, der nichts für sich behalten und alles gegeben hat. Ob sich am Ende alle geben lassen, was Jesus Christus zu geben hat, steht dahin. Es lässt sich nicht präjudizieren. Die Absicht Gottes aber, durch Jesus Christus, seine Verkündigung, sein Leiden und Sterben ausnahmslos alle Menschen für sich zu gewinnen, darf nicht verdunkelt werden. Das wirksamste Präventiv dagegen aber scheint mir zu sein, die Übertragung des Kelchwortes im Deutschen zu belassen, wie sie bislang war: *für alle*.

Anmerkungen

[1] Vgl. zu den harten, sich im Alter noch verhärtenden eschatologischen Aussagen nur: Augustinus, *De civitate Dei*, XXI. Das *Wissen*, das sagen zu können beansprucht, dass einige oder viele endgültig verloren gehen, hat wegen der überragenden Autorität des Augustinus eine enorme Wirkungsgeschichte gehabt, die über Gregor den Großen, Anselm, Bonaventura, Thomas bis hin zu den Reformatoren und Jansenisten reicht. Die biblisch begründete *Hoffnung für alle*, die mit der lehramtlich verurteilten Apokatastasislehre nicht zu verwechseln ist (vgl. DH 411), wurde dadurch über Jahrhunderte hinweg verdunkelt. Zum Hintergrund: H.U. v. Balthasar, *Was dürfen wir hoffen?*, Einsiedeln-Trier ²1989.

[2] Die Raffinesse der infernalischen Rhetorik ist von James Joyce in seinem *A Portrait of the Artist as a Young Man* literarisch eindrucksvoll festgehalten worden.

[3] Vgl. nur die Konstitution *Cum occasione* vom 31. Mai 1653, in der Innozenz X. die jansenistische Bestreitung des Satzes verurteilt, dass Christus für schlechthin alle Menschen gestorben ist und sein Blut vergossen hat (vgl. DH 2005f.); siehe des Weiteren das Dekret des Heiligen Offiziums vom 7. Dezember 1690, das sich wiederum gegen die Irrtümer der Jansenisten wendet, wenn es folgenden Satz verurteilt: „Christus gab sich selbst für uns als Opfergabe Gott hin, nicht nur für die Erwählten, sondern für alle Gläubigen und nur für sie" (DH 2304). Vgl. schließlich den Brief des Heiligen Offiziums an den Erzbischof von Boston vom 8. August 1949, in dem eine rigoristische Interpretation des Satzes *Extra ecclesiam nulla salus* zurückgewiesen wird (vgl. DH 3866–3877, unter Rekurs auf entsprechende Aussagen der Enzyklika *Mystici corporis* von Pius XII., DH 3821).

[4] J. Ratzinger, *Gott ist uns nah. Eucharistie: Mitte des Lebens*, Augsburg 2001, 33–36.

[5] F. Nietzsche, *Fröhliche Wissenschaft*, Drittes Buch, § 252, in: ders., *Werke*, hg. von K. Schlechta, Darmstadt 1997, Bd. 2, 157.

[6] H. U. v. Balthasar, *Theologie der drei Tage*, Freiburg 1990, 165.

[7] Diese Argumentation ist bereits im Jahre 853 auf der Synode von Quiercy vertreten worden: „So wie es *keinen Menschen* gibt, gegeben hat oder geben wird, dessen Natur nicht in unserem Herrn Jesus Christus angenommen war, so gibt es *keinen Menschen*, hat es keinen gegeben und wird es keinen geben, für den er nicht gelitten hat." Nach dieser Betonung der universalen Heilsbedeutung der Passion Jesu heißt es einschränkend weiter: „Gleichwohl werden *nicht alle* durch das Geheimnis seines Leidens erlöst. Dass aber *nicht alle* durch das Geheimnis seines Leidens erlöst werden, bezieht sich nicht auf die Größe und Fülle des Lösgeldes, sondern bezieht sich auf den Anteil der Ungläubigen und derer, die nicht mit dem Glauben glauben, der durch die Liebe wirkt" (DH 624; Hervorhebungen: JHT).

[8] E. Canetti, *Das Geheimherz der Uhr. Aufzeichnungen 1973–1985*, München 1987, 126.

[9] Vgl. F. Hahn, Art. *Abendmahl*, in: Religion in Geschichte und Gegenwart, Bd. 1, Tübingen [4]1998, 10–15 (Lit.); Th. Söding, *Das Mahl des Herrn. Zur Gestalt und Theologie der ältesten nachösterlichen Tradition*, in: B. J. Hilberath – D. Sattler (Hg.), *Vorgeschmack* (FS Th. Schneider), Mainz 1995, 134–164; H. Schürmann, *Jesus. Gestalt und Geheimnis*, hg. von K. Scholtissek, Paderborn 1994.

[10] Vgl. die Skizze bei R. Messner, *Einführung in die Liturgiewissenschaft*, Paderborn 2001, 153–170.

[11] Vgl. Th. Söding, *Lehre in Vollmacht. Jesu Wunder und Gleichnisse im Evangelium der Gottesherrschaft*, in: IKaZ Communio 36 (2007) 3–17.

[12] H. Spiekermann, *Gottes Liebe zu Israel. Studien zur Theologie des Alten Testaments*, Tübingen 2004, 134. Dass Jesus am Vorabend seines Todes das Vierte Gottesknechtslied als Interpretament seines Sterbens beigezogen haben kann, ist von H. Merklein – gegenüber P. Fiedler und A. Vögtle – meines Erachtens überzeugend deutlich gemacht worden. Vgl. ders., *Der Sühnegedanke in der Jesustradition und bei Paulus*, in: A. Gerhards – K. Richter (Hg.), *Das Opfer. Biblischer Anspruch und liturgische Gestalt* (QD 186), Freiburg 2000, 59–91.

[13] Th. Pröpper, *Evangelium und freie Vernunft. Konturen einer theologischen Hermeneutik*, Freiburg 2001, 8.

[14] P. Sloterdijk, *Zorn und Zeit. Politisch-psychologischer Versuch*, Frankfurt/M. 2006, 101.

[15] Zum liturgischen Gedenken als einem Interaktionsgeschehen zwischen Gott und Mensch vgl. S. Wahle, *Gottes-Gedenken. Untersuchungen zum anamnetischen Gehalt christlicher und jüdischer Liturgie* (ITS 73), Innsbruck-Wien 2006, besonders 430–454.

[16] *Summa theologiae* III, q. 73, a. 3 ad 2: „[...] est differentia inter alimentum corporale et spirituale, quod alimentum corporale convertitur in substantiam eius qui nutritur [...]. Sed alimentum spirituale convertit hominem in seipsum." Vgl. Augustinus, *Confessiones* VII, 10: „Cibus sum grandium: cresce et manducabis me, nec tu me mutabis in te sicut cibum tuae carnis, sed tu mutaberis in me."

[17] H.U. v. Balthasar, *Epilog*, Einsiedeln 1987, 95.

[18] R. Kaczynski, *Die Interzessionen im Hochgebet*, in: Th. Maas-Ewerd – K. Richter (Hg.), *Gemeinde im Herrenmahl* (FS E. J. Lengeling), Freiburg 1976, 303–313, hier 311. Ähnlich M. Steiner, *(Für-)Bitten im Hochgebet*, in: R. Messner (Hg.), *Bewahren und Erneuern. Studien zur Messliturgie* (FS H. B. Meyer), Innsbruck-Wien 1995, 219–229, hier 225.

[19] P. Handke, *Kali. Eine Vorwintergeschichte*, Frankfurt/M. 2007, 113. Der Erzählkontext, der auf ein vermisstes Kind Bezug nimmt, kann hier ausgeblendet bleiben.

[20] Vgl. H. Peukert, *Wissenschaftstheorie - Handlungstheorie - fundamentale Theologie. Analysen zu Ansatz und Status theologischer Theoriebildung*. Frankfurt/M. ²1988, besonders 305–310.

[21] Vgl. K.-H. Menke, *Das Gottespostulat unbedingter Solidarität und seine Erfüllung durch Christus*, in: IKaZ 21 (1992) 486–499.

[22] Vgl. dazu J. B. Metz – J. Reikerstorfer, *Memoria passionis. Ein provozierendes Gedächtnis in pluralistischer Gesellschaft*, Freiburg 2006.

[23] M. Blondel, *Tagebuch vor Gott 1883–1894*, übertragen von H. U. von Balthasar. Mit einer Einleitung von P. Henrici, Einsiedeln 1964, 219.

[24] In den „Eucharistischen Passagen" – dem abschließenden Kapitel meiner Habilitationsschrift *Gabe der Gegenwart. Theologie und Dichtung der Eucharistie bei Thomas von Aquin* (erscheint bei Herder 2008) – habe ich die hier nur angedeuteten Zusammenhänge von Gabe, Gegenwart und Wandlung näher entfaltet.

Die Autoren

Prof. Dr. Albert Gerhards, Lehrstuhlinhaber für das Fach Liturgiewissenschaft, Bonn.

Prof. Dr. Helmut Hoping, Lehrstuhlinhaber für das Fach Dogmatik und Liturgiewissenschaften, Freiburg.

Prof Dr. Thomas Söding, Lehrstuhlinhaber für das Fach Biblische Theologie, Wuppertal.

Prof. Dr. Magnus Striet, Lehrstuhlinhaber für das Fach Fundamentaltheologie, Freiburg.

Prof. Dr. Michael Theobald, Lehrstuhlinhaber für das Fach Neues Testament, Tübingen.

Dr. Jan-Heiner Tück, Wissenschaftlicher Assistent am Lehrstuhl für Dogmatik und Liturgiewissenschaft, Freiburg.

Quellenverzeichnis

Einige der in diesem Band abgedruckten Texte stellen zum Teil überarbeitete Fassungen folgender Erstveröffentlichungen dar:

Albert Gerhards, Wie viel sind viele? Zur Diskussion um das „pro multis", in: imprimatur 1 (2007) 13–17; auch in: HerKorr 61 (2007) 79–83.

Helmut Hoping, Für die vielen". Der Sinn des Kelchwortes der römischen Messe, in: CiG 59 (2007) 38.

Thomas Söding, Für euch – für viele – für alle. Für wen feiert die Kirche Eucharistie? Zur Diskussion aus bibelwissenschaftlicher Sicht, in: CiG 59 (2007) 21f.

Magnus Striet, Nur für viele oder doch für alle? Das Problem der Allversöhnung und die Hoffnung der betenden Kirche. Zur Diskussion aus fundamentaltheologischer Sicht, in: CiG 59 (2007) 29f.

Michael Theobald, „Pro multis" – Ist Jesus nicht „für alle" gestorben? Anmerkungen zu einem römischen Entscheid, in: Orientierung 71 (2007), Nr. 2 vom 31. Jan., 21–24.